Sabine Kronberger und Monika Krautgartner

HOCHZEITSBRÄUCHE IN ÖSTERREICH

Bräuche, Geschichten, Gedichte und Anekdoten rund um den schönsten Tag im Leben

KEHRWASSERVERLAG

ZUM GELEIT

Liebe Paare, liebe Brauchtumsfreundinnen, liebe Leser!

Eines der schönsten und wichtigsten Feste im Leben ist die Hochzeit! Das ist auch der Grund dafür, weshalb sich im Laufe der Zeit unzählige Bräuche, Rituale und Begleitaktionen entwickelt haben, schließlich soll niemand „nur so“ schnell heiraten „müssen“ oder „dürfen“. Vor, während und nach der Hochzeit gibt es der Volkstradition und den regionalen Besonderheiten entsprechend viele wunderbare Bräuche, die uns allen erlauben, eine Hochzeit so richtig auszukosten und mitzugestalten.
Was die Hochzeitsbräuche so charmant und beliebt macht, ist ihre Fröhlichkeit. Und dass sie in erster Linie von der Sehnsucht und dem Wunsch getragen werden, es möge die Liebe ewig dauern. Wer ausgiebig und mit vielen Segens- und Wunschbräuchen überhäuft feiert, ist bestens gerüstet für den kommenden Ehealltag.
So vielfältig die Brautpaare rund um den Erdball sind, so bunt und vielfältig sind auch die Bräuche, die sie begleiten.
Es ist uns natürlich nicht möglich, alle zu beschreiben und zu erklären, denn selbst in einer kleinen Region in unserer brauchtumserprobten Heimat werden Bräuche auf verschiedene Art und Weise zelebriert. Es ist auch nicht die Aufgabe eines Buches wie diesem, eine akademische und vollständige Aufzählung vorzunehmen.
Vielmehr war es uns ein großes Anliegen, verschiedene Bräuche vorzustellen, gewissermaßen als Anregung für unsere Leserinnen und Leser, oder auch nur zur vergnüglichen Lektüre. Dass die von uns beschriebenen Bräuche immer aus einem sehr regionalen Blickwinkel zu betrachten sind, ist wahrscheinlich selbstverständlich, was die Freude daran aber um nichts schmälert, selbst wenn der Brauch in einer anderen Gegend nicht, abgewandelt, oder gänzlich anders gepflogen wird.
Brauchtum ist lebendiges Alltagsgeschehen, ist den Menschen in ihrer Heimat auf den Leib geschneidert, und ändert sich im Laufe der Jahre ebenso wie die Menschen, die Bräuche hochhalten und der nächsten Generation ans Herz legen.
Brauchtumspflege ist eine hohe kulturelle und zutiefst menschliche Angelegenheit. Sie passt sich den Menschen und ihrem Alltag an und nicht umgekehrt. So entstehen auch immer wieder neue Bräuche, andere wiederum verschwinden, altem Handwerk gleich, in der Vergessenheit.
Unser Buch soll ein unterhaltsames, heiteres, anregendes Werk über Hochzeitsbräuche in Österreich sein. Der ein oder andere Tipp wird sich darin finden, kleine Anekdoten und prachtvolle Bilder, die für sich selbst sprechen. Wir wollen auch Lust auf Brauchtumspflege machen und es wäre uns eine Ehre, würde bei einem anstehenden Fest in Ihrer Familie unser Buch der Anlass sein, um den ein oder anderen Brauch in die Feierlichkeiten oder Vorbereitungen einfließen zu lassen.
Bleibt nur noch, Ihnen viel Vergnügen mit unserem Buch „Hochzeitsbräuche in Österreich“ zu wünschen!
Herzlichst,

Ihr Autorinnen-Team
Sabine Kronberger und Kons. Monika Krautgartner

EIN PAAR WORTE ZU BEGINN

Liebe Leserin,
lieber Leser,
liebes Brautpaar!

Wertvolle Hilfe zum „Erlebnis Brauchtum"

Die «hohe Zeit», angefangen von der Verlobung bis zur Trauung, galt über Jahrtausende hinweg als eine besonders glückliche, aber auch gefährliche Zeit.
Böse Geister und Dämonen wurden befürchtet, wenn die künftigen Brautleute weder ledig noch verheiratet waren. Seit Urzeiten war die Eheschließung ein gesellschaftliches und religiös bedeutsames Ereignis, wobei nicht nur die Verbindung von zwei Einzelwesen im Vordergrund stand, sondern zweier Lebenskreise (Familien) unter Einschluss des Ahnenkultes (Gräber-Besuch).
Es ist leicht vorstellbar, wie viel Brauchtum sich auf dieser Basis entwickeln konnte. Besonders eindrucksvoll wird unser Hochzeitsbrauchtum, wenn die traditionelle Kleidung Verwendung findet. Zumeist hatte die Braut im Kärntner Raum eine Brauthaube mit einem gestickten Lebensbaummotiv. Sie sollte reichlichen Kindersegen bewirken. Die Gürtelkette an der Taille trug vielfach eine kleine
Schere (Leinen), einen Schlüssel (Schlüsselgewalt und ein Messer (Brotbacken). Die Haube wurde von der Schwiegermutter während des Kranzelabtanzens der Braut auf den Kopf gesetzt. Daher kommt der Spruch «Sie ist unter die Haube gekommen».

Das vorliegende Werk von Frau Sabine Kronberger und Kons. Monika Krautgartner befasst sich mit den wichtigsten, zumeist heute noch lebenden Brauchhandlungen des Hochzeitsbrauchtums und bietet Heiratswilligen wertvolle Informationen für einen erlebnisreichen Hochzeitstag.

Unsere nüchtern gewordene Zeit der Computer-Kultur führt allzu oft zu einer gefühlsmäßigen Vereinsamung vor den Bildschirmen. Unser gemeinschaftsbildendes, romantisches Brauchtum
kann diesen Mangel ausgleichen helfen.

Es ist das Verdienst der beiden Autorinnen, mit diesem Werk eine äußerst kompetente Arbeit geschaffen zu haben, die eine wertvolle Hilfe zum «Erlebnis Brauchtum» darstellt.

Dr. Wolfgang Lattacher

VORWORT

Hochzeitsbrauchtum: Warum Menschen rund um die Hochzeit Rituale brauchen.
Ringtausch, Böllerschießen, Baumstammdurchsägen oder Brautstehlen in Österreich, Banananstaude-Umhacken in Indonesien, Kerzenzeremonie in Peru, ein Hochzeits-Feuerwerk in China oder die Henna-Nacht für die Braut bei muslimischen Eheschließungen zeigen es: So vielfältig wie die Kulturen dieser Erde selbst sind die Rituale und Bräuche rund um die Hochzeit und das seit vielen tausenden Jahren. War früher im Zentrum des Brauchtums die kirchliche Zeremonie, so gibt es heute viele davon losgelöste Bräuche und Rituale. Es ist ein tiefes Bedürfnis von Menschen, den Übergang in den Ehestand mit Ritualen zu feiern. Dies gilt auch dann, wenn man keiner Religionsgemeinschaft angehört oder wenn das Paar schon längere Zeit zusammen wohnt. Gleichgeschlechtliche Paare feiern ebenfalls das Eingehen einer „eingetragenen Partnerschaft" (in Österreich) mit Ritualen, die oft der Tradition folgen oder diese kreativ abwandeln.Und so wird fast jede rein standesamtliche Eheschließung mit ebensoviel Aufwand und Brauchtum gefeiert wie die in religiöse Zeremonien eingebettete Trauung.
Als Brauchtum bezeichnet man überliefertes Verhalten bei bestimmten, regelmäßig wiederkehrenden Anlässen, dem im Laufe der Jahrhunderte oft der ursprüngliche Sinn verlorengegangen ist, meint die Deutsche Enzyklopädie. Bräuche sind Ausdruck der Tradition. Sie dienen ihrer Erhaltung und Weitergabe sowie dem inneren Zusammenhalt der Gemeinschaft. Rituale sind Teil dieses Brauchtums.
Die Hochzeit markiert den Wechsel der Lebensform als Alleinstehende oder als erwachsenes Kind im Familienverband zur Ehefrau/zum Ehemann. Aus der alten Ordnung wird eine neue Ordnung – das ist nun nicht immer so leicht wie man meint. Vordergründig bedeutet die Verehelichung Liebe, Freude und Glück. Damit verbunden ist gleichzeitig ein Abschied von vertrauten Menschen und vertrauten Lebensumständen. Das bedeutet auch Unsicherheit und Sorge. Der Alltag erst wird zeigen, ob es gelingt, eine glückliche Ehe zu führen. Vieles, was früher traditionell festgelegt war, muss zwischen den Eheleuten ausgehandelt und manchmal ausgestritten werden. Rituale bieten eine Art Drehbuch, wie dieser Übergang in den Ehestand bewältigt werden kann. Sie laufen nach vorgegebenen Regeln ab und sind Handlungen mit hohem Symbolgehalt. Sie geben Struktur und damit Sicherheit. Sie vermitteln Zuversicht, Beständigkeit und Zugehörigkeit. Bräuche und Rituale wollen diesem schwierigen Übergang eine sinnlich erfahrbare und oft fröhliche Bestärkung und Ermutigung auf den Weg mitgeben.
Viele Rituale und Bräuche rund um die Hochzeit weisen in das Transzendente, Religiöse, aber auch Magische. Sie wollen den Segen und den Schutz Gottes herbeirufen und sichtbar machen (Segnung der Verlobungsringe, kirchliche Hochzeitzeremonie usw.). Es wird damit darauf hingewiesen, dass für Menschen nicht alles alleine machbar ist. Zum eigenen Bemühen muss, je nach weltanschaulicher Einstellung, der Segen Gottes, das Glück oder das wohlwollende Schicksal dazukommen.
Manche der Bräuche wollen durch symbolische Handlungen Liebe, Glück, Wohlstand, Fruchtbarkeit sowie Gesundheit und Beständigkeit fördern: einen Baum pflanzen, eine kleine Münze im Schuh der Braut, ein Geldschein in der Hosentasche des Bräutigams, Reis-Werfen u. a. mehr. Noch magischer wird es, wenn verschiedene Bräuche böse Geister abhalten, negative Entwicklungen verhindern und vor Schaden schützen wollen. So

mancher Hochzeitsbrauch hat sich aus uralten „heidnischen" Handlungen heraus entwickelt. Magie gilt als die uralte Kunst, durch rituelle Handlungen und Beschwörungen übernatürliche Kräfte zu aktivieren, und damit Ereignisse, Zustände oder Menschen zu beeinflussen Sie lebt heute noch trotz offizieller Ablehnung und ist gerade aus dem Hochzeitsbrauchtum nicht wegzudenken. Und wer weiß – vielleicht hilft es ja tatsächlich?! Jedenfalls hat „weiße Magie", die nutzen und keinesfalls schaden will, zumindest den Einfluss einer positiven Bestärkung.
Einige Bräuche geben Raum für die „Schattenseiten" des Menschen, für Aggression und Boshaftigkeit. Diverse Streiche, die dem Brautpaar gespielt werden, zeigen, dass Bräuche manchmal auch die Möglichkeit von gesellschaftlich kontrollierter Aggression verschaffen. Bei den meisten Bräuchen steht aber die Freude und der Humor im Vordergrund.
Die Bedeutung so manches Brauches hat sich gewandelt. Neue Formen haben sich entwickelt und nehmen Bezug auf aktuelle Lebenssituationen. Bräuche aus anderen Ländern werden übernommen und abgewandelt. Brauchtum tradiert alte Lebensmuster und ist gleichzeitig etwas Lebendiges, sich Weiterentwickelndes.
Tanzen, Essen, Singen gehörten immer schon zur Feier der Hochzeit. Es stärkt die Bindung der nun zusammengehörigen Familien und Freundeskreise. Nicht zuletzt ist es das urmenschliche Bedürfnis nach Spielen, Lachen und Freude, welches das Brauchtum rund um die Hochzeit so vielfältig und spannend macht. Schon Friedrich Rückert (1788-1866) meinte: „Der ist fürwahr ein armer Mann, der nicht auch fröhlich feiern kann."– was heutzutage gendergerecht natürlich auch für jede Frau gilt.

Mag.a Sonja Seiler-Baumfeld
Psychotherapeutin und Supervisorin
Ried im Innkreis, Linz

Inhaltsverzeichnis

Inhaltsverzeichnis

VOR DER HOCHZEIT

Willst Du...?

Der Heiratsantrag ist etwas für die Erinnerung

Wenn die Liebe tief geht und auch besiegelt werden soll, findet man sich unweigerlich eines Tages beim Thema Heirat. Und um zu wissen, ob die Partnerin oder der Partner ebenfalls bereit ist, den Bund fürs Leben einzugehen, führt an einem Antrag kein Weg vorbei. „Willst Du...?“, das sind zwei einfache kleine Worte, und doch stehen sie häufig am Beginn von etwas Wunderbarem und Großem, sind sie der Auftakt zum manchmal schönsten Augenblick im Leben.

Der perfekte Heiratsantrag

Gibt es ihn, den perfekten Heiratsantrag? Wie sieht er aus? Was ist zu bedenken, und was ist zu tun, damit nichts schief geht? Gibt es spezielle Antragsbräuche und Rituale, die der Überlieferung nach eine erfolgreiche Ehe garantieren? Zunächst einmal wollen wir festhalten, dass es gerade für den Heiratsantrag außer der bedeutungsvollen Frage „Willst Du mich heiraten?“ kaum einen gemeinsamen Nenner oder ein gemeinsames, allgemein übliches Procedere gibt.

Wie soll die alles klärende Frage gestellt werden?

Auch dafür gibt es keine Regeln und kein fixes Drehbuch. Wohl aber unzählige Arten, wie Anträge gestellt wurden und werden. Es weist gleich vorab einmal auf die Ehetauglichkeit hin, wenn Sie für Ihren Antrag einen Ort und jenen Stil finden, der auch Ihrer Partnerin oder Ihrem Partner gefallen wird. Im Nahfeld einer Eheschließung darf man davon ausgehen, dass man den Partner, die Partnerin kennt, und wird die Frage aller Fragen dann und dort stellen, wo er oder sie sich auch rundherum wohlfühlt.

Wenn jemand Höhenangst hat, wird bei einer Bergtour mit anschließendem Antrag nicht die richtige Stimmung aufkommen, ebenso verhält es sich wahrscheinlich, wenn ihr zukünftiger Lebensmensch allergisch auf Blumen und Gräser ist und Sie für Ihren Antrag den botanischen Garten ausgesucht haben. Da der Antrag etwas für die Erinnerung, ein wichtiger Teil der Lebensgeschichte ist, sollte er nicht „so nebenbei“ gemacht werden, sondern sorgfältig geplant werden.

Im Zoo? Über den Lautsprecher beim Maskenball? Bei einem Candlelight-Dinner? Auf Knien vor den Familienmitgliedern?

So individuell wir Menschen und unsere Vorstellungen von Romantik sind, so individuell sollte auch der Heiratsantrag gestellt werden. Er wird unvergesslich bleiben, wenn Sie sich ein bisschen Mühe geben und er drückt aus, wie wichtig Ihnen Ihr Herzensmensch ist. Denken Sie darüber nach, wo und in welchem Rahmen sich Ihre Partnerin oder Ihr Partner besonders wohl fühlt. Soll es ein „Überraschungsangriff" werden, oder planen Sie Ihren Antrag ohnehin mehr oder weniger gemeinsam? Liebt Ihr Herzensmensch ein öffentliches Spektakel (im städtischen Hallenbad mit Schnorchel und Mikro), oder erreichen Sie ihr oder sein Herz auf Knien bei einem romantischen Spaziergang im Wald, oder genau an jener Stelle, wo Sie sich zum ersten Mal gesehen haben und der Liebesblitz einschlug? Wählen Sie den Zeitpunkt und Ort für den Antrag klug. Noch Ihre Enkelkinder werden an der kleinen Geschichte Freude haben!

Der richtige Zeitpunkt, der richtige Ort

Wie schon erwähnt, gibt es weder „den einen einzigen perfekten Antrag", Zeitpunkt, Ort und Choreographie Ihres Antrages liegen alleine in Ihrem Ermessen. Während es für die Einen ein absoluter Blindgänger wäre, neben dem Bedienen des Kaffeeautomaten gefragt zu werden („Ach ja, übrigens, willst Du mich heiraten?"), wäre für jemand anderen „großes Getue" unangenehm. Wenn Sie in Eheratgebern oder auf youtube nachschlagen, finden Sie allerlei Heiteres, Berührendes, Kurioses, Erschreckendes, Lähmendes, Peinliches, Romantisches und Umwerfendes zum Thema Heiratsantrag. Wie Sie es auch anstellen werden, das kostbareste „Ja" aller Zeiten entgegengehaucht zu bekommen: Machen Sie es so, dass Ihre Partnerin, Ihr Partner es nie vergisst, und auch in vielen Jahren noch mit leuchtenden Augen sagen wird: „Nie werde ich vergessen, wie Du damals bei Deinem wundervollen Antrag.....". Dass Ihnen das auch für Ihren Antrag glückt, wünschen wir Ihnen!

Wer stellt den Antrag?

In der heutigen Zeit ist es jedem der beiden Verliebten erlaubt, einen Antrag zu machen. Das „Privileg", nur als Mann um die Hand der Frau anhalten zu dürfen, ist längst nicht mehr ausschließlich üblich, heute machen Damen ihrem Partner oder ihrer Partnerin mit der gleichen Selbstverständlichkeit Heiratsanträge wie umgekehrt. Die Liebe allein zählt und der Wille, das restliche Leben als Eheleute verbringen zu wollen.

Den Brautvater um die Hand der Auserwählten bitten?

Eine aus früheren Zeiten stammende Tradition ist es, noch bevor man einen Antrag macht, beim Brautvater die Erlaubnis hierfür einzuholen bzw. um die Hand der Tochter zu bitten. Wenn diese Gepflogenheit auch ein Relikt aus jener Zeit ist, als Frauen „zu versorgen" waren und der Vater sie natürlich nur jenem „gab", der in seinen Augen für seine geliebte Tochter bestmöglich aufkommen würde können, wird dennoch auch heute noch gerne der Brautvater oder die Brautmutter um das Einverständnis zur Hochzeit gefragt. Heute hat diese alte Tradition eher die Bedeutung einer höflichen Freundlichkeit, zeigt aber auch Respekt vor den Eltern der zukünftigen Frau, des zukünftigen Partners.
Das junge Paar hat natürlich alle Weichen für sein weiteres gemeinsames Leben schon gestellt und entschieden, dass es zusammenleben möchte. Daher werden die Brauteltern zwar manchmal um ihren Segen und ihr Einverständnis gefragt, vielleicht auch weise vor dem Hintergrund, dass man nicht nur einen Ehepartner für sich gewinnt, sondern auch mehr oder weniger dessen Familie. Im gemütlichen Rahmen bei einem schönen Essen oder einem Glas Sekt ist es nie verkehrt, die Brauteltern über die Hochzeitspläne zu informieren, und um ihre Unterstützung und Zustimmung zu bitten. Es gefällt Brauteltern sicher allemal, wenn sie sehen, dass der Bräutigam Wert auf die Meinung und das „Ja" der Familie seiner Braut legt.

Stehend? Kniend? Liegend?

Wir kennen sie alle, die romantischen Filme aus der Hollywood-Kiste! Der glutäugige Verführer fällt vor seiner Angebeteten auf die Knie und stellt die Frage aller Fragen. Das Bild, das ein demütig flehender Liebender darstellt, ist unwahrscheinlich romantisch und keine Frau wird diese Geste nicht aufwühlend und rührend finden. Auf Knien zu liegen, ist ein Zeichen der Demut, der Unterwerfung, des Dienen Wollens und der Anbetung. Wenn auch der heutige moderne Werbende eine Überhöhung im emotionalen Bereich nicht mehr so deutlich auslebt als Menschen früherer Epochen – ein Antrag auf Knien verfehlt seine Wirkung nicht, und auch das Signal, das er ausdrückt: Du bist ein anbetungswürdiges Wesen!

Anträge aus alter Zeit:

Um die Hand anhalten wird auf gut kärntnerisch „prentln" genannt und betitelt den Besuch des Brautwerbers samt Hochzeitslader oder Vater am Fenster der Braut, um ihr die Liebe zu schwören.
In der Steiermark war es üblich die „Biedlleit" auszuschicken, um bei der künftigen Braut vorzusprechen und um die Hand zu bitten. War das Werben erfolgreich gabs einen Kuppelpelz als Zusage, wurde abgelehnt hieß die Dialekt-Formulierung: „Er hot Schoarboarst hoamgstraft."
Selbstbewusst waren die Frauen wohl schon immer im oberösterreichischen und steirischen Salzkammergut: dort durfte auch ein Mädchen das Zeichen geben, dass sie für die Heirat bereit war. In Form eines zu Ostern liebevoll gepackten Oster-Pakets samt Eiern und anderen guten Dingen wurde dieser weibliche Antrag gemacht.
Hart verhandelt wurde um die Hand der Braut im alten Kärnten: Da kamen Bräutigam samt Taufpate oder Vater zum Brautvater und es wurde zuerst über Haus, Hof, Mitgift und finanzielle Sicherheit debattiert, ehe das Thema Heiraten überhaupt zur Sprache kam. Auch einen eigenen Wortwechseln zum eigentlichen Antrag gibt es:

…Schenkte der Brautvater am Ende des Gesprächs Würstel, Schanps oder reifen Speck, bedeutete dies die Zusage. Kam die Mutter mit gestockter Milch oder Sauerkraut als kulinarischem Gruß aus der Küche, war dies ohne Worte als klares „Nein" zu deuten. In der oberösterreichischen Traunsee-Stadt machte eine Familie die beschlossene Ehe auch mit einem öffentlichen Auftritt mit der Schwiegertochter ins spe öffentlich. Ein traditioneller Tag dafür war der Liebstatt-Sonntag, ein Brauchtumstag, an dem man sich Lebkuchen-Herzen mit Liebesschwüren schenkt.
„Einen Korb bekommen" –
davon konnten junge Männer im Kärntner Lesachtal ein Lied singen. Verneinte die Familie der Braut nämlich das Brautwerben, befestigten Freunde und andere Junggsellen zum Spott einen Korb an seinem Haus, um so das ganze Dorf zu informieren.

Antrag-Agenturen

Der Vollständigkeit halber möchten wir erwähnen, dass es einigen Heiratswilligen so wichtig ist, den für sie möglichst perfekten Antrag zu stellen, dass sie eine Agentur damit betrauen. Wir wurden bei unseren Recherchen – wie sollte es anders sein? – im Land der Liebe, in Frankreich, fündig. Auch in Italien gibt es Firmen, die sich unter anderem um die Antragsgestaltung für Verliebte kümmern. Paris und Venedig sind wahrscheinlich nicht die einzigen Städte, an denen die Gestaltung eines Heiratsantrages als Dienstleistung zu haben ist. Neben dem Wunsch, alles richtig zu machen, und vielleicht einem Zeitproblem zeigt diese Form der Vorarbeit zu einem Antrag eines wiederum deutlich: Es gibt ihn nicht, den „einen" perfekten, allgemein anwendbaren Antrag, lediglich unzählige Möglichkeiten, die bei guter Planung ihre Wirkung nicht verfehlen.

Begegnung

Eine Begegnung,
scheinbar unbedeutend im Nirgendwo.
Augen, die erzählen und
Hände, die zum Gruß sich strecken.
Eine Begegnung,
scheinbar erkennen sich Zwei.
Erstaunen und Berührtsein,
alles im dichten Moment.
Eine Begegnung,
scheinbar eine von vielen,
dennoch besonders,
wenn Herz und Herz sich grüßen.

Patricia Weißl-Günther

Verlobungsring

Verlobungszeremonien samt Verlobungsring erleben nicht zuletzt amerikanischer Filme wegen zur Zeit eine Renaissance. Malerische Filmkulissen, zauberhafte Orte und ausgefallene Anträge auf Celluloid wecken anscheinend rund um den Erdball die Lust, die Verlobung wichtig zu nehmen und gebührend zu inszenieren.

Dass es ein besonders schöner und emotionaler Moment sein wird, wenn der Partner mit einem Ring in Händen einen Antrag macht, ist unbestritten. Sich zu verloben und die darauf folgende Zeitspanne bis zur Hochzeit durch diesen Ring für alle sichtbar zu machen, ist ein zusätzliches Argument für den Verlobungsring.

Welcher Ring? Welche Größe? Alles eine Überraschung?

Der Klassiker unter den Verlobungsringen ist ein Weißgoldring mit einem funkelnden Stein in Krabbenfassung. Natürlich ist jeder andere Ring ebenfalls geeignet, Individualität lebt man auch hier als einen wesentlichen Teil der Einzigartigkeit eines Brautpaares aus. Es kommt immer wieder vor, dass hilfesuchende Männer beim Juwelier stehen und vage um „einen schönen Verlobungsring" fragen, ohne den Geschmack und die Ringgröße der Angebeteten genau zu kennen. Da die Braut ja auch Freude haben sollte mit dem Aussehen der glitzernden Kostbarkeit an ihrem Finger, ist es ratsam, ihre beste Freundin oder ihre Mutter einzuweihen, um so an die Ringgröße zu kommen. Viele Juweliere bieten auch einen speziellen Verlobungsring-Service an. So kann man sich einen „Probe-Antragsring" mitnehmen, um die wichtige Frage zu stellen, und nachher gemeinsam genau jenen Ring beim Juwelier aussuchen, der die Braut entzückt und glücklich macht.

Wo kommt er her, der Verlobungsring?

Im Wesentlichen aus Amerika. Dort ist es üblich, ein „Familienerbstück" an die zukünftige Braut weiterzugeben. Es gibt sehr edle Verlobungsringe, die schon seit Generationen von Hand zu Hand wandern. Zum Einen soll damit Wertschätzung ausgedrückt werden, die junge Frau soll sich angenommen und der Familie zugehörig fühlen, denn es wird ihr ein Familienerbstück von großem Wert anvertraut. Zum anderen soll der von der Mutter, Großmutter, etc. getragene Ring Glück bringen, denn die älteren Frauen der Familie blicken auf jahrzehntelange, gute Ehen zurück, auch dafür steht dieser Ring. Er soll eine ebenfalls haltbare, langjährige Ehe garantieren.

Was soll der Verlobungsring kosten?

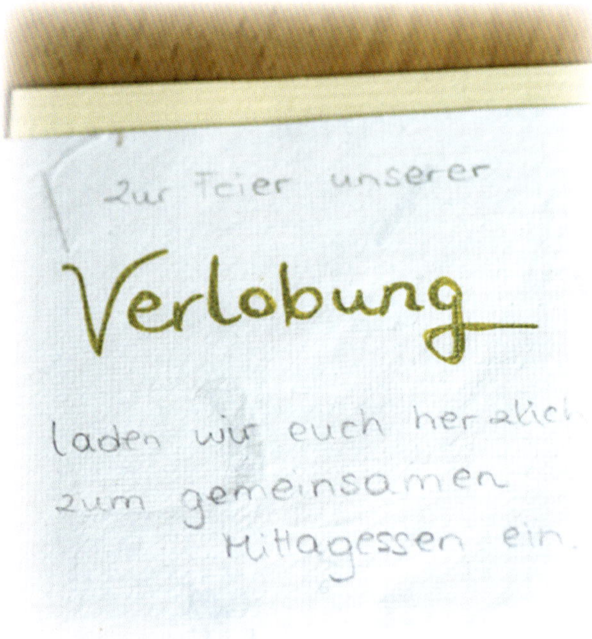

Den Verlobungsring, auch wenn es sich altmodisch und traditionell anhört, kauft in der Regel der Mann. In den seltensten Fällen entschließt sich eine Frau, die Frage aller Fragen samt Verlobungsring zu stellen, vorkommen tut es freilich manchmal, ist aber wie gesagt, die Ausnahme. Es gibt keinerlei bindende „Wertangaben“, wie viel ein „anständiger“ Verlobungsring kosten muss oder darf, es liegt ganz im Ermessen des Bräutigams.

Andere Länder, andere Sitten: In Japan ist es gelebte Praxis, dass der Verlobungsring das dreifache Monatsgehalt kosten muss. Bestimmt würde so manches Juwelierherz höher schlagen, wenn das auch bei uns so wäre!

Erst Verlobungsring, dann Ehering?

Der Verlobungsring wird nicht als späterer Ehering verwendet, er steht für sich selbst und ist nicht ein vorgezogen gekaufter Ehering. Er wird gelegentlich nach der Hochzeit als Vorsteckring verwendet.

Einladen

Ein heikles und spannendes Thema: die Einladung! Wird sie gedruckt, auf CD gesprochen? Wer wird eingeladen? Wann wird ausgeschickt? Die Einladung ist das erste schwarz auf weiß erbrachte Ankünden der Hochzeit. Sie ist der Gruß nach draußen, an Menschen, die einem etwas bedeuten und die man bei seinem schönsten Tag im Leben dabei haben will. Sie gilt als Vorbote des freudigen Ereignisses und soll schon in Farbe, Wort und Bild das farbliche Motto, das Thema der Hochzeit sowie den Stil des Brautpaares widerspiegeln. War es früher üblich, dass die Eltern von Braut und Bräutigam die Einladenden im Namen des Brautpaares waren, so gibt es diese Form der Einladung heute nur mehr in blaublütigen Reihen. In Österreich zuletzt bei der 2014 in Bad Ischl stattgefundenen Habsburger-Hochzeit.

Moderne Einladungsformen

Heute bekommt die herkömmliche Einladung durchaus auch Konkurrenz bzw. schriftliche Begleiter wie etwa die Save the Date-Karten – kleine Druckwerke auf denen schlicht das Hochzeitsdatum und die Namen des Brautpaares zu finden sind – sowie natürlich die immer beliebter werdende Hochzeits-Homepage. Darauf stellt sich das Brautpaar vor, zeigt mit Layout und Farben das bevorstehende Thema der Hochzeit an und kann durchaus auch Bilder der Verlobungsfeier, des Polterabends oder der Familienmitglieder veröffentlichen. In vielen Fällen kann auch ein Bereich installiert werden, wo Freunde ihre Glückwünsche und Grußworte deponieren können oder auch Geschenk-Vorschläge bekommen.
In Zeiten der großen virtuellen Welt ist es auch immer öfter üblich digitale Einladungen zu übermitteln. Sei es ein Video des Paares, das persönlich zur Hochzeit einlädt oder eine Audio-Datei, die auf CD gepresst oder im E-Mail-Anhang versandt als Einladung gilt. Zahlreiche Ideen dazu finden sich im World Wide Web.

Was soll die Einladung sagen?

Es ist gar kein leichtes Unterfangen die passende Form, die richtigen Worte und das zufriedenstellende Bild für die Einladung zu finden. Erst einmal ist es wichtig, ein passendes Sprüchlein, religiöses Zitat oder einleitende Zeilen zu platzieren. Danach folgt die sympathische Aneinanderreihung der wichtigsten Fakten wie Namen, Hochzeitsdatum, Ort, Einladungszeitraum (nur zur Kirche, nur zum Standesamt, zur Abendunterhaltung) sowie die in Zukunft geltende gemeinsame Adresse. Gerne wird an dieser Stelle auch ein Sprüchlein platziert, das auf die Geschenk-Wünsche des Paares hinweisen soll. Es kann dies ein so genannter Hochzeitstisch sein, der in einem Kaufhaus alle gewünschten Dinge für die liebe Verwandtschaft bereithält oder aber der Wunsch nach Geld, weil der gemeinsame Haushalt vielleicht ohnedies schon besteht und gut bestückt ist.

Einladungstext für Hochzeits-Biletts

Oh, ja! Es hat ja einmal
so kommen müssen!
Unsere Familie, unsere Freunde
und selbst die lieben Nachbarn
haben geahnt,
was in der Luft liegt...

Wir heiraten!

Und es wäre eine ganz besondere Freude für uns,
Sie/Dich an diesem für uns so wichtigen Tag
zur Seite zu haben.

Wir laden daher freudig ein,
.....Datum, Ort.....

Einladung

Das Fundament einer guten Ehe ist die Liebe, und das Fundament einer schönen Feier sind liebe Gäste!
Daher wäre es für uns eine besondere Freude, Sie/Dich bei unserer Hochzeitsfeier begrüßen zu dürfen.
„Ja" zueinander sagen zaubert aus Zweien auf wunderbare Weise Eins.

Wir hoffen darauf, dass Du diesen magischen Moment miterleben möchtest, und Gast bei unserer Hochzeitsfeier sein wirst.

Wir sagen am .... um ....
in der (Kirche, etc..) „Ja",
und unser weiteres Leben führen wir
dann gemeinsam als Paar.

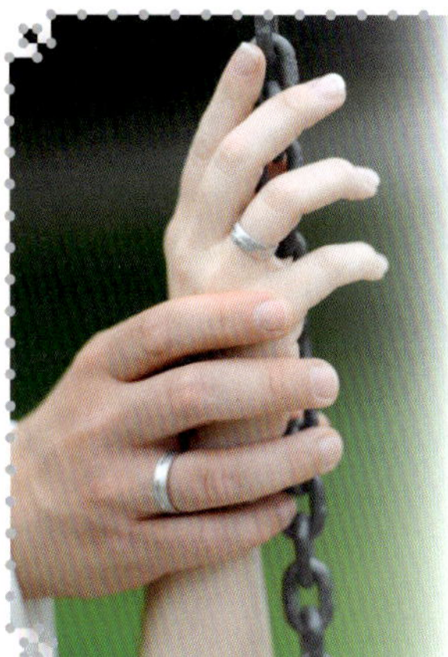

EINLADUNG

„DAS GUTE, DAS SCHÖNE UND DIE LIEBE ÜBERDAUERN DIE ZEIT"
UNSERE HOCHZEITSFEIER SOLL ETWAS BESONDERS WERDEN, UNSER GELÖBNIS WIRD NICHT ZULETZT DURCH HOCHGESCHÄTZTE GÄSTE ZU EINEM FEST.
WIR FREUEN UNS AUF IHR KOMMEN.

WIR LADEN DAHER FREUDIG EIN, ...DATUM, ORT.....

Einladungstradition

Die üblichste aller Einladungsformen ist jene auf postalischem Wege. Postalisch – aber in ganz großem Stil – macht man es in Teilen Bayerns und des Innviertels. Dort schickt man der Einfachheit halber und der Tradition wegen die Einladung als Postwurfsendung an JEDEN Haushalt und die Erreichten wissen, dass Sie damit zum Hochzeit-Schauen beim Auszug aus der Kirche bzw. zur Abendunterhaltung eingeladen sind. Speziell in ländlichen Regionen Österreichs – wie etwa in Tirol oder Oberösterreich – ist es aber Gang und Gäbe die Einladungen, persönlich zu überbringen. Dies geht dann in vielen Fällen mit einer Einladung einher, bei der man festlich und über die Maßen bewirtet wird. So wurde uns zugetragen, dass ein junges Ehepaar aus Oberösterreich mit Wurzeln in der Landwirtschaft schon Monate vor der Hochzeit mit dem „Austragen" der Einladungen beginnen musste, um es bis zum Hochzeitstag auch tatsächlich zu schaffen. Und so kam es an einem Sonntag, dass sie früh morgens den ersten Besuch ohne Ankündigung antraten, um nicht zu viel zu essen zu bekommen. Die Gastgeber aber, nicht verlegen, bereiteten spontan Wiener Schnitzel zu, das dann um 10.30 Uhr – höflicherweise – verputzt werden musste. Wissend, dass die nächste Einladungs-Überbringung für Mittag vereinbart war. So erreichten sie zu Mittag die informierte Verwandtschaft, wo ebenfalls mit Schnitzel aufgewartet wurde. Und – ja, Sie haben es erraten, auch für abends hatte man einen Einladungs-Besuch vereinbart. Und die abendliche Gastgeberin meinte es besonders gut und bereitete anstatt einer in Oberösterreich üblichen Wurstjause ebenfalls ein Schnitzel zu. Gemästet, mit dicken Bäuchen, dem wohl für immer verschreckten Hungergefühl aber überglücklich und für die Gastfreundschaft schmunzelnd dankend erzählen die beiden Turteltauben heute noch gerne davon.

Gedichte für Hochzeits-Biletts, mit denen man um ein Geldgeschenk bittet

(von Monika Krautgartner)

Welches Geschenk?

Hochzeitsreisen sind für wahr
für ein Flitterwochenpaar
wohl ein guter Start ins Leben,
darum wird es sie auch geben!
Lieber Gast, es wäre toll,
würd' die Reisekasse voll!
Doch verfahre nach Belieben,
fühl' Dich bitte nicht getrieben!

Ganz nach eigenem Ermessen...

Will man es dem Gast verdenken?
Meist will er dem Paar was schenken!
Unser Haushalt ist komplett,
darum wär's besonders nett,
würde sich mit Scheinen, vielen,
unser leerer Sparstrumpf füllen!

Nicht leicht anzusprechen...

Etwas quält uns schon seit Tagen:
Können wir's tatsächlich wagen,
zu erwähnen, dass auch Geld
uns zur Hochzeit sehr gefällt?

Woll'n Dich, lieber Gast, nicht kränken,
falls Du daran denkst, zu schenken,
wäre Bares sehr willkommen,
würde dankbar angenommen!

+

Danke

Wir haben Töpfe, eine Pfanne,
eine schicke Badewanne,
Messer, Gabeln, Bodenbürsten,
einen Kühlschrank voll mit Würsten,
Decken, Tassen, Federbetten,
was wir daher gerne hätten,
wäre „Futter" für das blasse
Sparschwein namens „Reisekasse"!

Lieber Hochzeitsgast!

Jedes Geschenk, jeder gute Wunsch, ist herzlichst willkommen und wir sind dankbar dafür. Da wir aber einen kompletten, gut ausgestatteten Haushalt haben, würden wir uns über ein „Kuvert für den Start ins Eheleben" ganz besonders freuen.

Unser „Haus"- Schwein...

Wir träumen von einem kleinen Haus,
es geht sich halt noch nicht ganz aus!
Drum wären wir voll Dankbarkeit,
hört' jemand, wie das Sparschwein schreit!
Falls wer das „Haus"-Schwein füttern möcht'
wär' uns das wirklich mehr als recht!

Moderne Zeiten...

Oftmals sieht man heute kleine,
hungrig-dürre Hochzeitsschweine,
welche warten, ob dem Gast
es ins Schenk-Konzept wohl passt,
statt mit Tand und Kräuterbittern
dieses Schwein mit Geld zu füttern!
Etwas „Futter" käm' gelegen,
und wär' obendrauf ein Segen!

Ganz in Weiß

– der Traum jeden Mädchens

Das Hochzeitskleid ist das wichtigste Utensil des schönsten Tages im Leben. Und nicht wenige Frauen träumen ihr ganzes Leben von diesem „einen“ Kleid, das sie für einen Tag zur Hauptdarstellerin macht. Fast unendlich viele Geschichten von damals und heute drehen sich um das Hochzeitskleid. Und mindestens genauso viele Gepflogenheiten, Traditionen und Bräuche gibt es dazu.

Sisi als Trendsetterin

Eines der ersten Brautkleider in Weiß soll aus Frankreich stammen und feierte in der Stadt der Liebe im Jahre 1813 seine Premiere im damaligen „Journale des Dames“ – einem Frauenmagazin. Der Siegeszug des weißen Kleides soll jedoch von unserer Kaiserin ausgehen: Sie wurde 1854 ausgezeichnet als schönste Braut des Jahrhunderts. Da sie bei ihrer weltweit beachteten Trauung ein weißes Seidenkleid mit einem schier unendlichen Spitzenschleier trug, wurde sie Ikone für viele Bräute. Es ist nicht auszuschließen, dass es vor Paris und Sisi schon weiße Brautkleider gab. Fest steht jedoch, dass mit dieser Zeit die Bedeutung der Braut bei ihrer Hochzeit noch einmal mehr stieg. Geschichtliches Wissen zeigt auf, dass es bereits im alten Rom Brautkleider gegeben hat.
Die heute unvorstellbare Farbe Gelb schien damals Usus zu sein, wenn man als Braut in seiner Tunika Hochzeit feierte. Aus Österreich weiß man, dass rund um das Jahr 1900 die Brautkleider sogar eher schwarz und heutigen Goldhauben-Festtrachten ähnlich waren. In Teilen Salzburgs (Im Pinzgau und zum Beispiel Bruck an der Glocknerstraße) heiratet die traditionsbewusste Braut heute noch in einem unsagbar schönen, festlichen, jedoch schwarzen Trachtenkleid samt Hut. Leuchtend hell ist dabei nur das Myrten-Kranzerl und die Schürze. Wobei es einer Frau nur am Hochzeitstag erlaubt ist, die Tracht ohne Hut zu tragen und sich damit von den an diesem Tag ebenfalls Tracht tragenden Frauen des Ortes abzuheben. Eine Tradition, die sich besonders die Bauernschaft bis heute beibehielt, weil es eine Ehre ist, die Tracht zu tragen. Und: weil es aus früheren Zeiten auch ein Zeichen der Sparsamkeit ist. Kann man schließlich das Trachtenkleid auch zu kirchlichen Festen und Feiertagen wie Entedank, Fronleichnam oder Begräbnissen tragen.

Einkaufen mit Gefolge

Der Einkauf eines Brautkleides ist heute bereits ebenfalls ein kleines Event unter Freundinnen. Man vereinbart einen Termin, meldet sich am besten im Brautsalon an und wird dann kompetent und über mehrere Stunden beraten. Dabei darf man – gut beobachtet durch Mutter, Schwestern, Brautjungfern, Kranzlbräuten oder vielleicht sogar der Schwiegermutter – in viele mögliche Kleider schlüpfen.
Erfahrene Verkäuferinnen schaffen es meist, mit einem Griff ein Kleid das zu Typ und Vorstellung passt auszuwählen. Und sie wissen auch: hat die Braut das „Auserwählte" am Körper, so verrät es ihr Glanz in den Augen, ihr unbändiges Strahlen. Ist es ein renommiertes Haus, dann wird in diesem finalen Moment sogar ein Glas Sekt zur Feier des Tages bzw. des Kleides gereicht. In den meisten Fällen bezahlen die Eltern, also meistens die Mutter, das Kleid der Braut. Sollten noch Änderungen am Kleid zu erfolgen haben, so sagt die Tradition, dass der letzte Nadelstich erst am Hochzeitstag erfolgen soll, um so Glück herauf zu beschwören. Brauchtum liebende Mütter nähen aus diesem Grund am Morgen der Hochzeit eine kleine Münze, ein kleines Blümchen oder eine kleine Schleife in das Kleid. Ob die Braut ihr Kleid auch selbst nähen kann? Dem Aberglauben nach: nein. Denn ein altes Sprichtwort besagt: „Viele Stiche, viele Tränen."

Etwas Altes, etwas Neues....

Einer Tradition aus dem Englischen folgend sollte das Brautkleid bzw. die Braut auch diverse Details beachten. So verspricht das Tragen von etwas Neuem (steht für die Zukunft), etwas Altem (steht für Beständigkeit), etwas Gebrauchtem bzw. Geliehenem (steht für Freundschaft und Verbundenheit des Verleihers) sowie etwas Blauem (ist Symbol für die Treue) als Glück bringend und Unheil abwendend.

Warum die Brautjungfern und Zubräute so schön sein müssen

Die primäre aus dem Brauchtum stammende Bedeutung der Zubraut, der Brautjungfern oder der Kranzljungfrauen ist die Ablenkung der bösen Geister. So soll die Schönheit der Damen die bösen Geister von der Braut entfernen und so der künftigen Ehefrau Segen bringen.
Waren die Begleitbräute früher ebenfalls weiß gekleidet, so ist es heute ein von der Mode beeinflusstes Thema, das die Damen meist in einheitlicher Farbe und oftmals dem Farbthema der Hochzeit angepasst auftreten lässt.

Hinschauen verboten!

Dass der Bräutigam das Kleid der Braut erst am Hochzeitstag und bis dahin überhaupt nicht sehen darf, ist längst bekannt. Mittlerweile besinnen sich auch immer mehr Männer dieser Tradition und suchen den Anzug mit ihrem Zubräutigam, dem Vater oder Freunden aus. Der Aberglaube sagt, dass ein Erblicken des Brautkleids vor der Hochzeit ewig Unglück bringen würde. Man weiß heute, dass es jedoch im 16. Jahrhundert eine Zeit gab, in der der Bräutigam das Kleid für seine Zukünftige erwählte.

Der Schleier der Liebe

Längst ist er mehr als modisches Accessoire: der Schleier. Er wird in allen möglichen Längen, Formen, mit und ohne Spitze genau so variantenreich angeboten wie die Brautkleid-Mode. Für unkonventionelle Bräute ist er auch bereits in Farben wie lila, rot oder schwarz erhältlich. Trägt ihn heute jede Frau nach eigenem Wunsch und Ermessen, so war er früher nur jenen Bräuten erlaubt, die ohne Kind in die Ehe gingen (Oberösterreich, Niederösterreich, Tirol). Aus Kärnten wird uns von Volkskundler Wolfgang Lattacher und aus der Steiermark von Brauchtums-Experte Walter Komaz erklärt, dass nur eine Braut, die noch nie zuvor verheiratet war, mit Schleier zum Traualtar schreiten darf. Der Schleier steht seit Jahrhunderten für die Reinheit, Jungfräulichkeit und Unberührtheit. In manchen Regionen wird er beim Brauttanz der nun zur Ehefrau gewordenen Frau „abgetanzt“: dabei stellen sich alle weiblichen, unverheirateten Damen aus der Gästeschar rund um die Braut auf und versuchen, auf ein Startkommando ein Stück des Schleiers zu ergattern. Wer diesen Brauch pflegt, ist meist mit einem Zweitschleier für die Zerreiß-Tradition vorbereitet. Und noch eine wichtige Funktion hat der Schleier: seit jeher soll er die Braut bis zum alles entscheidenden Kuss vor den Blicken anderer Männer und böser Geister schützen.

Macht der Farbe

Nur der Braut alleine gehört am Hochzeitstag das Privileg, die Farbe Weiß zu tragen. Damit sei die Aufmerksamkeit der Gäste und der Dreh- und Angelpunkt aller Blicke gesichert. Trägt eine Frau ebenfalls weiß, so ist ihr das Getuschel und Gerede der Gesellschaft sicher. Und trotzdem kommt es immer wieder vor. So wurde uns von einer Schwiegermutter berichtet, die in weißem Kleid mit Jacke zum Fest erschien und so der Braut die Show stehlen wollte. Auch die Farbe rot ist über Jahtzehnte eigentlich verpönt und stimmt der Aberglaube, dass trägt sie nur jene Frau, die sich mit dem Ehemann vor der Hochzeit vergnügte oder generell ein Auge auf ihn geworfen hat.

Was die Männer anziehen

Dass die Frau zweifelsfrei am Hochzeitstag im feierlichen sowie modischen Mittelpunkt steht, ist Tatsache. Doch auch der Bräutigam sollte mit seinem Anzug aus der Menge herausstechen.

Der gute Smoking, der edle Morning-Cut oder der ganz normale Anzug, der eben mit einem Einstecktuch oder der Hochzeitsweste (Gilet) aufgeputzt wird, sind die Kleidungsstücke der Wahl für den Gang vor den Traualtar. Dass viele Schwarz tragen ist dabei ein Zeichen, dass man der Braut gerne den optischen Vortritt lässt. Doch auch weiße oder perlmutt-farbene Anzüge sind durchaus tragbar. Wichtig ist: Der Hochzeitsanzug ist kein normaler, durchschnittlicher Anzug, sondern ein edles Stück für den schönsten Tag im Leben, das den Träger schön und glücklich sein lässt.

Die Hochzeitsschuhe

Auch bei der Auswahl des richtigen Hochzeitsschuhs hat die Braut die Qual der Wahl. Soll er flach und bequem, hoch und sexy, schön und auffallend oder einfach nur zweckdienlich sein? Wichtig ist, dass die Braut während des Tages niemals darin umknickt, da dieser Vorfall ein böses Omen für den gemeinsamen Lebensweg bedeutet. Und auch die Mutter der Braut spielt beim Schuh wieder eine Rolle. Schafft sie es, ganz geheim eine Münze in den Schuh zu stecken, so dass es die Braut nicht bemerkt, so bedeutet dies Reichtum und Wohlstand des Ehepaares ein Leben lang.

Die Handschuhe

In der Geschichte der Menschheit spielt er schon immer eine Rolle: der Handschuh! Gerade aus dem Mittelalter ist bekannt, dass ein Mann, der einen Handschuh einer Dame erhielt, sich ihrer Zuneigung sicher sein konnte. Heute steht der Handschuh neben modischen Aspekten auch für die Reinheit der Braut, da er meist in weiß gehalten wird und bis zu den Ellenbogen reicht.

Vorbereiten der Hochzeitskerze

Sie strahlt an diesem Tag mit den Liebenden um die Wette, sie symbolisiert das Licht der Liebe und soll schon seit dem Mittelalter ein fester Bestandteil einer Eheschließung sein. Die Hochzeitskerze wird bereits vor der Hochzeit hergestellt und es gibt keine gültigen Regeln, wer das machen „muss".
Manchmal sind es Familienmitglieder, die Eltern, die Trauzeugen, die sich um die Hochzeitskerze kümmern, manchmal kreiert sie sogar das Brautpaar selbst im Ehevorbereitungskurs oder zu Hause.
Die Hochzeitskerze erinnert an die Symbolik des „ewigen Lichtes", der Helligkeit, die den Weg durch das gemeinsame Leben ausleuchten soll, und letztendlich der Wärme durch das Feuer. Verziert mit den Namen des Brautpaares und dem Datum der Vermählung soll sie gesegnet und mit einem sorgfältig ausgewählten Text in den Mittelpunkt gerückt werden.
Manchmal wird der Text im Rahmen der Hochzeitszeremonie vorgelesen, meist von der Zubraut, der Schwester oder der Taufpatin der Braut. Das gemeinsame Entzünden der Kerze durch Braut und Bräutigam ist dabei ähnlich zu deuten wie das gemeinsame Anschneiden der Hochzeitstorte, das gemeinsame Durchschreiten durch Ehrenbögen, oder das gemeinsame Sägen von Holz. Immer steht das Verbindende, das Team, das Paar als Einheit im Mittelpunkt. Nach der Hochzeit wird die Kerze von den meisten Paaren an einem zentralen Platz im Wohnbereich als eine Erinnerung an den Hochzeitstag platziert. Bei besonders glücklichen Anlässen, an Hochzeitstagen, in Trauer, bei Streit oder Hoffnungslosigkeit soll die Kerze wieder neu entzündet werden, um an das gegebene Eheversprechen zu erinnern.
Ein Brauch, der alle Bundesländer in Österreich umspannt.

Hochzeitslader

Mit Hut – je nach Tracht der Region – und Ladstecken sowie oftmals Fliege, Trachtenmascherl oder Gehrock anzutreffen, ist der Hochzeitslader (auch Brautweiser im Mühlviertel oder Prograder genannt) speziell im Salzburger-Raum einer der wichtigsten Menschen bei einem Hochzeitsfest.
Als Vorgänger der heutigen Hochzeitsplaner hatte er besonders früher – und das auch im schönen Kärnten – die Aufgabe, die vom Brautpaar eingeladenen Gäste persönlich zu „laden".
Das hieß – vor Auto, Bus und Bahn – oftmals hunderte Kilometer zu Fuß zurückzulegen und die Menschen über die Verehelichung mit Verlesung eines Briefes oder eines Gedichts in Kenntnis zu setzen. Außerdem hatte er damals die Aufgabe, das Hochzeitsfest auch im Ablauf zu planen und damit dem schönsten Tag im Leben einen Rhythmus zu geben. So ist es oftmals auch noch heute: als Zeremonienmeister gibt er den Hochzeitsgästen die Wege, die Aufstellung und die Einzugsrichtung vor, stellt Eltern, Schwiegereltern, Trauzeugen und andere wichtige Menschen des Tages auf die richtigen Plätze und lässt damit einen roten Faden im Hochzeitsgeschehen entstehen.
Ist der große Tag dann gekommen, kann es schon einmal sein, dass der Hochzeitslader dort und da sogar die Braut von zuhause abholt und zum Standesamt oder Kirche geleitet, wo sie dann erstmals auf den Bräutigam trifft.
Wiederum andere Regionen, wie etwa das Salzburger Flachgau, lassen den Hochzeitslader sogar bei der Aus-

wahl des Gasthauses mitreden. Er ist es schließlich auch, der in der Kirche, im Standesamt und im Gasthaus die Sitzordnung bestimmt und der nach der kirchlichen Trauung die Dankesworte des Brautpaares an die Gesellschaft richtet.
Gute Kenntnis der ortsüblichen Bräuche und Traditionen rund um eine Hochzeit, sprachliche Stärke, ein gutes Gedächtnis für die Namen und Gedichte sowie ein selbstbewusstes Auftreten zeichnen einen guten Hochzeitslader aus. Und sein allerwichtigstes Utensil ist der Laderstab oder Ladstecken, der – verziert mit den unzähligen gestickten Hochzeitsmaschen der einzelnen Paare – einfach dazugehört.
Er diente in Zeiten der vielen Fußmärsche der Hochzeitslader etwa zum Vertreiben von Hunden, zum Überqueren kleinerer Flüsse, zum Stützen bei den harten Routen und zum Prunkstück beim Eintreten in ein Haus. Mancherorts kann es dann schon vorkommen, dass der Lader mit Fortschreiten des Abends auch singt, musiziert, Gedichte oder Geschichten vorträgt, Single-Frauen zum Tanz auffordert oder für die Musiker mit seinem Hut eine Runde zum Spenden sammeln geht.
Wichtig: im Laufe der gesamten Hochzeit darf ein guter Hochzeitslader niemals, wirklich niemals, seinen Laderstecken vergessen oder liegenlassen. Sogar beim Tanzen hat er ihn dabei.

Lader-Spruch aus Salzburg

Grüß euch Gott mit Herz und Mund,
ihr seid wohl alle frisch und g´sund?
Auch ich bin froh und guter Ding,
weil ich euch eine Botschaft bring,
einen lieben Gruß in Gottes Nam´,
von der Jungfrau Braut und Bräutigam.
Sie haben mir geboten, ich soll gehen auf Reisen,
euch alle laden zur Hochzeit und heißen!

Markus Pollmann – der Hochzeitslader vom Wolfgangsee

„Ich sag nur zu, wenn ich die Braut oder den Bräutigam sehr gut kenne", erklärt Markus Pollmann entschieden. Der 37-jährige Familienvater aus Strobl am Wolfgangsee ist in seiner Freizeit ein so genannter Hochzeitslader und als solcher bei traditionsliebenden Brautpaaren so etwas wie der Dirigent der Hochzeits-Feierlichkeiten. Los geht´s schon lange vor der Hochzeit: „Ich lege Ehrentanzproben fest und komme dann selbst dazu, um mit dem Paar die einzelnen Punkte im Tagesablauf der Hochzeits-Feierlichkeiten abzusprechen", so Pollmann. Dort wird in erster Linie für die Eröffnungstänze – den Steirer, den Innviertler und den Boarischen – geprobt. Denn am großen Tag soll schließlich alles wie automatisch ablaufen: „Der Hochzeitslader ist jener, der nach all den Arbeiten , die im Vorfeld durch das Brautpaar erledigt werden müssen, die Verantwortung am Hochzeitstag übernimmt, so der Strobler. So ist er es auch, der in der Kirche – nach der Trauung – die Dankesworte im Namen des Brautpaares an die Gäste richtet und zum weiteren Geschehen informiert. Egal ob Aufstellung der Familie, Hochzeitsmarsch oder ein Einzug ins Gasthaus oder Standesamt- der Hochzeitslader dirigiert den Tag. „Schließlich helfe ich noch beim Weisen (der Geschenkübergabe durch die Gäste) und gebe das Kommando für die Ehrentänze", so der junge Hochzeitslader. Bei den Ehrentänzen tanzt schließlich der erste Brautführer mit der Braut, der zweite und der dritte Brautführer tanzen mit den Kranzlbräuten und schließlich tanzt die gesamte Gesellschaft." Seine letzte offizielle Aufgabe beim Hochzeitsfest ist dann zwischen 21 und 22 Uhr der Hochzeitsbrief des Hochzeitsladers. „Darin sind in Reim und Vers die Hoppalas des Brautpaares, das Kennenlernen, die Jugendsünden, die lustigsten Geheimnisse und Anekdoten verpackt". Es ist der persönlichste Teil und bedarf der meisten Arbeit für den Hochzeitslader, weil er ja schließlich im Vorfeld Familie und Freunde abklappert um an seine Geschichten zu kommen. Warum Markus Pollmann so gerne Hochzeitslader ist? „Weil es eines der persönlichsten Geschenke an das Brautpaar ist, ihren Tag zu begleiten und es wunderbar ist, wenn man so große Freude durch Tradition bereiten kann", lächelt der 37-Jährige. Und nicht zu vergessen: für jedes Paar, das er bereits begleitete, ist eine Kerbe in seinem Hochzeitslader-Stecken zu finden!

Ehering

Durch seine Form, seinen materiellen Wert und seine Symbolkraft ist der Ehering eines der Herzstücke jeder Hochzeit. Ringe haben weder Anfang noch Ende, sie stehen gewissermaßen für die Ewigkeit.
Die Formel „...mit diesem Ring nehme ich Dich..." zeigt das Paar bei seinem Ehegelöbnis, dass ein Bund fürs Leben eingegangen wird und im christlich-religiösen Sinn auch darüber hinaus. Sich dieser Dinge bewusst zu sein, setzt die große Bedeutung, die der Ehering, bzw. das Auswählen des richtigen Ringes darstellt, ins rechte Licht.

Aus welchem Metall ist „der richtige" Ehering?

Früher war es eindeutig der glatte, mehr oder weniger schmale Goldring, den sich die Brautleute an den Finger steckten. Heute gibt es eine riesige Auswahl, es sind weder dem persönlichen Geschmack noch der Geldbörse allgemein gültige Parameter vorgelegt. Gelbgold, Weißgold, Paladium, Platin, Silber oder polierter Stahl – alles ist möglich, alles dient zum Schmieden von Eheringen.
Der Trend allerdings ist derzeit die Schmuckfarbe weiß, wobei den Ring der Braut fast immer ein Stein ziert.

Wer zahlt? Wer sucht aus?

Wenn es soweit ist, dass die Eheringe gekauft werden, ist die Planung der Hochzeit schon weit fortgeschritten. In diesem Stadium gibt es fast immer ein Hochzeitsbudget, aus dem die Ringe finanziert werden. Für manche Paare ist es bedeutungsvoll, sich gegenseitig den Ring zu schenken – in diesem Fall wird er auch separat bezahlt.
Braut und Bräutigam suchen die Ringe normalerweise gemeinsam aus, doch auch hier gibt es nichts, das es nicht gibt. Wir hörten von Paaren, wo der Mann allein darauf bestand, die Ringe auszusuchen, man berichtete uns von einer Braut, die im Vorfeld allein zum Juwelier ging und ihn beschwor, ein bestimmtes, von ihr geschätztes Model ganz besonders innig anzupreisen, und auch von einer resoluten Brautmutter wurde uns erzählt, die einem Paar die Ringe aussuchte, weil sie „am besten wusste, was für die beiden passt!".
Da es keine Brauchtumsregeln oder sonstigen „Vorschriften" dafür gibt, wie die Sache mit den Eheringen im Vorfeld der Hochzeit zu handhaben ist, sind es stets individuelle Herangehensweisen – jede ist praktizierbar und richtig.

Das geheime Innenleben

„Erna, 4.6.1961", oder „Martin, 17.2.1943" – diese Art Gravur ist uns allen aus alten Ringen von Eltern, Großeltern, Urgroßeltern vertraut. Eine Gravur ist auch heute noch üblich im Ehering, allerdings gibt es viel mehr Möglichkeiten zur persönlichen Gestaltung. Die moderne Technik in der Kunstwerkstätte des Juweliers ermöglicht nicht nur das Eingravieren von Ziffern und Namen, auch Symbole können eingraviert werden. Das Zeichen für Unendlichkeit wird gerne eingraviert, genauso wie ein persönlicher Fingerabdruck, sogar kleine Sprüche und Versprechen sind möglich.

Liebesdiamant

Ein spannendes, geheimnisvolles „Aha"-Erlebnis bietet manchmal das nähere Betrachten äußerlich glatter Herrenringe. Während Damen gerne einen funkelnden Diamanten am Ring tragen, sind Herrenringe in der Regel glatt und steinlos. Doch kommt es mehr und mehr in Mode, einen so genannten „Liebesdiamanten" an der Innenseite des Ringes zu platzieren. Natürlich ist der Schliff des winzigen Diamanten entsprechend und kratzt nicht am Finger. Der Diamant als Symbol der Ewigkeit, des beinahe Unverwüstlichen und der Schönheit ist den Wünschen und Hoffnungen für den gemeinsamen Lebensweg so nah, dass er auch in Form eines Liebesdiamanten mehr und mehr Bedeutung gewinnt. Und da er beim Tragen des Ringes nicht erkennbar ist, ist es ein besonderes Geheimnis des Paares, um diesen „unsichtbaren" kostbaren Stein zu wissen.

Das ewige Band

Ein Ring ist ein Ring,
nicht sehr groß wohl, das Ding,
nicht schwer von Gewicht,
sanft schimmernd im Licht!

Und doch steht er ein
für die Liebe, das Sein,
unendlich und treu,
erwacht die Welt neu!

Wer je einer Braut
seinen Ring anvertraut,
will durch Liebe allein
stets der Richtige sein!

Monika Krautgartner

Jeder gibt sein Bestes

„Andere Länder, andere Sitten" lautet ein bekanntes Sprichwort. „Anderer Ort, andere Tradition" könnte man in Österreich dazu sagen, wenn es um die Rollenverteilung bei einer Hochzeit geht.
So gibt es neben den Hauptrollen – Braut und Bräutigam – auch noch wichtige Nebenrollen.

Brauteltern

So etwa die Brauteltern: Sie tragen neben dem Brautpaar ebenfalls Verantwortung für den Verlauf der Feier, sie sind das offizielle Begrüßungskomitee und sollten auch mit allen Gästen zumindest einmal im Laufe des Tages ins Gespräch kommen. Für die Brautmutter beginnt eine Hochzeit aber schon lange vor dem eigentlichen Hochzeitstag. Sie ist es, die bei der Gästeliste, bei der Auswahl des Brautkleides, bei Blumenschmuck oder Frisur beratend zur Seite stehen sollte. In ländlichen Regionen Oberösterreichs, Niederösterreichs und der Steiermark ist sie außerdem die Gastgeberin beim am Hochzeitstag stattfindenden Brautwecken und darf sich mit Speis und Trank nicht lumpen lassen.
Der Brautvater ist im Fall der Hochzeit seiner Tochter der Hauptsponsor der Hochzeit, derjenige, der sein Töchterchen zum Alter geleitet, die Tischrede hält und der mit ihr bei der in Oberösterreich üblichen Brautübergabe um Mitternacht so lange tanzen darf, bis der Bräutigam sie auffordert und die Braut schließlich offiziell zur „Ehefrau" wird.

Trauzeugen

Die Trauzeugen sind bei vielen Hochzeiten neben dem Brautpaar die wichtigsten Rollen. Sie werden vom Brautpaar sorgfältig gewählt und sind meist schon seit der Kindheit verlässliche Freunde, mit denen man durch Dick und Dünn ging. Mit ihrer Unterschrift bezeugen sie – sowohl bei der standesamtlichen Hochzeit als auch bei der katholischen kirchlichen Eheschließung – die Rechtmäßigkeit dieses Bundes. Trauzeugen leisten aber weit mehr als eine Unterschrift, sie sind dem Brautpaar im Idealfall verlässliche Ansprechpartner vor der Hochzeit, aufmerksame Helfer während der Hochzeit und einfühlsame Seelentröster während der Ehe. Trauzeugen sind auch in vielen Fällen die Organisatoren des getrennt in weiblich und männlich stattfindenden Polterabends. Wichtig: je nach Region in Österreich sind die Aufgaben des Trauzeugen verschieden und sollten vorab nach den Wünschen des Brautpaares genau informiert werden, was von ihnen erwartet wird.

Zubraut/Zubräutigam

Speziell in Oberösterreich, Kärnten, Tirol und der Steiermark kennt man den Titel Zubraut, der für die erste und damit wichtigste Kranzlbraut bzw. Brautjungfer gilt. Sie ist es, die von der Braut dazu ernannt wird und damit eine ehrenvolle Aufgabe samt großem Auftritt bei der Hochzeit erhält, jedoch auch mit vielen Arbeiten im Vorfeld beauftragt wird. Auf die Frage, ob man die Funktion der Zubraut übernehme, wird gewöhlich – weil es sich gehört – mit „Ja" geantwortet. Ein „Nein" wäre ein schlechtes Omen für die bevorstehende Hochzeit. Der Zubräutigam ist vor, während und nach der Hochzeit der Mann und Freund an der Seite des Bräutigams. Er organisiert seinen Männer-Polterabend, ist vielleicht sogar beim Anzug aussuchen dabei und steht dem künftigen Ehemann auch seelisch zur Seite. In vielen Teilen Österreichs gilt die Regel, dass der Zubräutigam die Braut geleitet, während die Zubraut den Bräutigam geleitet. Ist das Ehepaar dann beispielsweise beim Auszug aus der Kirche schon Seite an Seite, dann gehen Zubraut und Zubräutigam gemeinsam gleich hinter den Eheleuten aus dem Gotteshaus. Und noch eine Aufgabe kommt auf die Funktion des Zubräutigams bzw. auf die Zubraut zu: wird die Braut gestohlen, muss der Zubräutigam sie auslösen – also für die Zeche bezahlen. Schließlich hat er zu schlecht aufgepasst. Wird der Bräutigam gestohlen, muss die Zubraut ihre Geldbörse öffnen, um die Getränke der Diebe zu spendieren. Zubraut und Zubräutigam müssen auch so lange bei der Hochzeit verweilen, bis das Brautpaar die Hochzeit verlässt. Und sind sie offenen Gemüts, dann ist es ein zusätzlicher „G´hört´si" mit möglichst vielen Gästen zu tanzen.

Beistand

Als Beistand werden die Trauzeugen in der steirisch-kärtnerischen Region betitelt und haben auch die selben Aufgaben. In Oberösterreich hingegen nennt sich die Rolle Beistand, wenn es sich bei den Trauzeugen im Standesamt oder in der katholischen Kirche um die Väter oder Mütter des Brautpaares handelt. In manchen Kirchen Oberösterreichs ist es dann sogar der Brauch, dass die Beistände vor dem Alter auf extra Sesseln direkt hinter dem Brautpaar sitzen müssen. Immer öfter sitzen sie jedoch in der ersten Bank auf der jeweils zugehörigen Seite von Braut oder Bräutigam in der Kirche.

Brautjungfern/Kranzlbräute

Was in Amerika die Brautjungfern sind, das sind in Österreich die Kranzlbräute. Und von wegen Kopie aus Amerika: schon Kaiserin Elisabeth und deren Töchter hatten bei ihren Hochzeiten eine Schar an Kranzlbräuten. Das war zum einen, um keine der vielen Hofdamen, Cousinen und Freundinnen zu beleidigen, und andererseits, um dem Aberglauben nach, die bösen Geister von der Braut abzulenken. Mussten damals die Brautjungfern bzw. Kranzlbräute dem Namen entsprechend Jungfrauen sein, wird es heute nicht mehr so eng gesehen. Wer sich als gute Freundin – verheiratet oder nicht – zur Brautjungfer eignet, wird um diese Aufgabe gefragt und verneint dies aus Höflichkeit und Anstand auch nicht. Mit gleichen Kleidern, gleichem Blumenstrauß, gleicher Frisur und gemeinsamem Auftritt ziehen diese Damen noch heute alle Blicke auf sich und genießen so, neben der Braut, ebenfalls einen tollen Auftritt. Haben die Kranzlbräute dem Brauch nach tatsächlich ein Myrtenkranzerl im Haar, so kann dies nach Mitternacht von einem nicht verheirateten Mann „abgetanzt" werden und gilt als ganz besonderes Souvenir einer Hochzeit.

Blühendes Erkennungszeichen

Blumen in all ihrer Vielfalt sind bei großen Festen immer ein Thema. Manche Hochzeiten sind nicht zuletzt wegen der floralen Üppigkeit an allen Ecken und Enden ein unvergesslicher Augenschmaus.
Ein sehr alter Brauch ist es, dass man den Bräutigam und die Hochzeitsgäste in ihrem Festgewand auch noch durch den Hochzeitsanstecker, ein sogenanntes Brautbüscherl verschönert. Doch nicht nur dem Aufputz und der Verschönerung dient das Brautbüscherl, ein zeigt auch die geschlossene Gruppe, die Hochzeitsgesellschaft.

Moderne Zeiten

Dass es gerade am Brauchtumssektor immer wieder zu neuzeitlichen Einflüssen kommt, ist schön und beweist, dass das Brauchtum lebt und angenommen wird. Aus dem klassischen Hochzeitsbüscherl wurde schon bei manchen Hochzeiten ein kreisrunder Button aus Metall, sogar „Hochzeitsbroschen" aus Holz oder ähnlichen Materialien gibt es inzwischen. Ist auch die Erscheinungsform des „Büscherls", also des klassischen Hochzeitansteckers im Wandel der Zeit manchmal anders geworden, seine Bestimmung und seine Aufgabe sind gleich geblieben: die Gäste als geschlossene Gruppe darzustellen und sie festlich zu schmücken.

Wie kommt man an Brautbüscherl?

Nun, es gibt sie natürlich in allen nur erdenklichen Farben und Materialien zu kaufen. Oftmals werden die Brautbüscherln jedoch von den Brautjungfern (unter Mithilfe der Braut oder anderen Frauen) selbst hergestellt, das gut sortierte Bastelgeschäft hat alle dafür notwendigen Ausgangsmaterialien. Da man meist Wert darauf legt, dass sich im Brautbüscherl die Farben oder das Thema der Hochzeit widerspiegeln, ist es oft sogar unerlässlich, sie in mühevoller Handarbeit selbst herzustellen. Doch die Bastelabende sind oft recht fröhliche Zusammenkünfte, was die Mühe allemal wieder wett macht.

Wer bekommt ein Brautbüscherl und wann?

Üblicherweise werden die Brautbüscherl, die sorgfältig in einem Korb angeordnet sind, von den Brautjungfern vor dem Kirchgang ausgegeben und auch gleich am Revers oder an passender Stelle befestigt. Es ist klug, sehr feine Stecknadeln dazu zu verwenden, da die Festgewänder der Gäste meist kostbar und aus sensiblen Materialien genäht sind. In manchen Gegenden legt man dafür ein paar Münzen in den Korb. Dieses „Körberlgeld" soll die Büscherlbastelgruppe ein bisschen für ihren Einsatz und die Auslagen für die Bastelutensilien entschädigen, denn das Geld dürfen sie meist behalten.

Wo wird das Büscherl angesteckt?

Ganz klare Regeln gibt es für das Landeplätzchen des Brautbüscherls. Dem Brauch entsprechend, tragen unverheiratete Hochzeitsgäste das Büscherl links. Da im Volksmund immer wieder behauptet wird, Hochzeiten wären der ideale Ort, um sich zu verlieben und eventuell selbst einen Partner zu finden, so ferne man noch auf der Suche ist, ist es natürlich gar nicht schlecht, schon beim ersten Blick feststellen zu können, ob hier möglichweise ein aussichtsreicher Flirtpartner auf einen zukommt.
Verheiratete Gäste tragen ihr Brautbüscherl rechts, ebenso verwitwete Gäste.

Das Brautbüscherl des Bräutigams

Besonders schön und deutlich größer als jene der restlichen Hochzeitsgesellschaft ist das Brautbüscherl des Bräutigams. Meist ist es auf den Brautstrauß seiner zukünftigen Ehefrau abgestimmt, oder folgt farblich dem allgemeinen Blumenthema der Hochzeit.
Der Bräutigam bekommt sein Brautbüscherl als „lediger Bursche" angesteckt und wird im Verlauf des Tages zu einem Ehemann. Dennoch trägt er dem Brauch entsprechend sein Brautbüscherl den ganzen Tag über links.

Polterabend

Wer den Polterabend erfunden hat und in welchem Land dies war, darüber gibt´s keine recherchierbaren Dokumente – fix ist, dass der Polterabend, wie der Name schon verrät, wohl schon rund um das 16. Jahrhundert bekannt war und auch heute noch einmal ein lautstarker, wilder, heftiger, lustiger Abend sein sollte, bevor im Scherz gesagt „das Leben vorbei ist" , also das Eheleben beginnt.
Damit dem glücklichen und segensreichen Start in ein wunderschönes Leben zu Zweit nichts im Wege steht, sollen an diesem verheißungsvollen Tag so viele Bräuche wie möglich zelebriert werden, um all die guten Geister aufmerksam zu machen und die bösen zu vertreiben.
So gehört es in vielen Regionen Österreichs dazu, dem Brautpaar am Abend vor der Hochzeit noch einmal ordentlich viel Geschirr vor die Tür zu werfen, denn Scherben sollen ja bekanntlich Glück verheißen. Auch das gemeinsame Aufräumen und Zusammenkehren ist dabei ein Thema und wird von den Tellerwerfern genau beobachtet. Denn helfen die beiden angehenden Brautleute gut zusammen, so ist auch der Ehe Zusammenhalt versprochen. Wehe aber, ein Scherzbold wirft mit Glas vor die Tür des Paares: bricht es, verheißt es nämlich Unglück und Pech. Ist es in manchen Gegenden verpönt, gemeinsam den Polterabend zu feiern, nutzt man in anderen Gegenden dafür den Abend nicht nur um den Brauch zu zelebrieren, sondern auch, um beim Poltern die große Gemeinschaft einzuladen und die Gesellschaft bei der eigentlichen Hochzeit eher klein zu halten.

Scherben bringen Glück!

In manchen Tälern ist's der Brauch,
in vielen Ländern sogar auch,
gemeinsam Scherben wegzukehren,
die „Freunde" vor die Haustür leeren!

Mit einer Schaufel, einem Besen,
wird schönstens, als wär' nichts gewesen,
der Scherbenhaufen weggeräumt,
damit das Glück die Ehe säumt!

Unzählig viele alte Tassen
müssen als Müll ihr Leben lassen,
und während brave Brautleut' schwitzen,
die Freunde meist gemütlich sitzen!

Besonders wohlmeinende Runden
beschäftigen ein Brautpaar Stunden,
denn kaum ist alles blank gefegt,
sich neuerlich die Bosheit regt,
und wieder fliegen 1000 Scherben
als Prüfung gegen das Verderben!

Wer fleißig und auch unverdrossen
den Polterabend so genossen,
wird in der Ehe glücklich werden,
wie sagt man doch so schön auf Erden? –
Gemeinsam vorwärts, nicht zurück,
denn Scherben, heißt es, bringen Glück!

Monika Krautgartner

Der Schwell- oder Schwippbogen

Ein oberösterreichisches Polterabend-Unikat ist der Schwellbogen oder auch Schwippbogen. Um ihn aus Reisig oder Buchsbaum und Blumen zu binden, kommen Freunde oder Vereinskollegen vor dem Polterabend zusammen. Dabei werden nicht nur die floralen Kunstwerke, die etwa der Höhe und Breite einer Haustür entsprechen, gebunden, sondern oftmals auch lustige Spiele für den Abschied aus der Welt der Ledigen zu feiern. Der Schwellbogen wird schließlich am Tag der Feier zum Haus der Braut, des Bräutigams oder heute auch immer öfter zum gemeinsamen Zuhause getragen. Erst mit lautem Böllerschuss oder dem Erklingen eines Liedes, darf die Braut, der Bräutigam, das Brautpaar die Tür öffenen. Was dann folgt, ist oftmals das vielen bekannte „Brautlied“ oder das Lied „Wahre Freundschaft“, mit dem die Gäste die Zuneigung zum Polternden noch einmal bekräftigen. Als Belohnung und Dank an die Spender müssen die Brautleute dann Hochprozentiges bereitstehen haben und dürfen mit ihren Gästen anstoßen beziehungsweise in den gemütlichen Teil des Abends übergehen. Der grüne Bogen vor der Tür muss aber nicht der einzige sein. Je nach Vereinsaktivität können dabei angehenden Eheleuten durchaus mehrere dieser Bögen den Eingang zieren. Und da einen Schwellbogen gesetzt zu bekommen eine Ehre ist, deuten gleich mehrere Bögen vor einer Tür auf die Beliebtheit und die Wertschätzung des darin Wohnenden hin. Da heute meist schon viele Wochen vor dem Hochzeitstag gepoltert wird, müssen die Spender des vordersten Schwellbogens am Morgen der Hochzeit noch einmal vor dem Haus erscheinen, und die welken Blumen durch frische ersetzen. Ist dann die Stunde gekommen und die Braut, der Bräutigam oder das Paar schreitet hindurch, so verheißt das Grün des Bogens einen segensreichen Weg in die gemeinsame Zukunft und stellt gleichsam ein Tor ins Glück dar. Und noch was: heute wird zum Polterabend grundsätzlich eingeladen. In ländlichen Regionen ist es jedoch auch erlaubt ohne Einladung zum Poltern zu erscheinen, um so seine Wertschätzung zu zeigen.

Jungsgesellen-Abschied

Der Junggesellen-Abschied: der wohl gefürchtetste aller Bräuche im Hochzeits-Reigen. Ausgehend von der Männerwelt, ist er für den angehenden Bräutigam gedacht, der sich noch einmal in Freiheit mit seinen Vereinskollegen, Freunden und Spezis vergnügen soll. So kam es in früheren Zeiten nicht selten vor, dass der Zukünftige in einen Sautrog gesperrt, auf ein Kreuz gebunden, beerdigt oder an den Pranger bzw. auf den Ortsplatz gestellt und gefesselt wurde.

Die Idee dahinter war, dem baldigen Ehemann die künftigen Leiden in der Partnerschaft zu verdeutlichen und der verbleibenden Damenwelt, den künftig Vergebenen öffentlich vorzustellen. Traurig: Sehr oft kam es dabei zu Unfällen, die in Kombination mit zu hohem Alkohol-Genuss und dem anstrengenden Tag zu Verletzungen und in seltenen Fällen auch zum Tod führten. Und so lange sind diese Geschichten nicht aus. Können schließlich heute noch viele Menschen aus der Erinnerung von solch brutalen und übersteigerten Bräuche berichten, bei denen der Bräutigam ans Kreuz gebunden in den Fluss getaucht, in den Sauttrog gesperrt im Bachbett hinterlassen, auf eine Toilette gebunden durch den Ort transportiert, gefesselt in ein Grab gelegt und mit Speisen beworfen oder nackt an öffentlichen Plätzen angeleint wurde.

Die gute Nachricht: es wird seltener. Die schlechtere: im inneren Salzkammergut muss man noch heute ab dem Bestellen des Aufgebots vor solchen oder ähnlichen Attacken zittern. Die eher modernere Version des Junggesellen-Abschieds ist da der Ausgeh-Abend in einheitlich gestalteten Shirts, mit lustigen Sprüchen über das anstehende Eheleben oder das Verkleiden des Bräutigams und anschließende Herumtreiben durch die regionalen Lokale.

Aufgepeppt durch lustige oder ordinäre Utensilien, die verkauft werden oder Aufgaben, die vollbracht werden müssen kann dabei ein wirklich lustiger Abschied aus der Singlezeit gefeiert werden. Finger weg jedoch von hochprozentigen oder verunglimpfenden wie rufschädigenden Aktionen, bei denen am einen Tag der Spaß, am anderen die Scham überwiegt.

So hat die Recherche zu diesem Buch auch die Geschichte eines Mannes ans Tageslicht gebracht, dessen Zukünftige am Tag nach dem Junggesellenabschied die Bilder von ihm und einer Stripperin zugespielt bekam und die Hochzeit um ein Haar nicht stattgefunden hätte.....

Doch nicht nur in der „Sau-Steige“ finden sich zukünf-

Dem Einfallsreichtum an brauchtumstauglichen Gefährten und Gefängnissen sind kaum Grenzen gesetzt, wenn es auch gar nicht so leicht ist, an brauchbare Fotodokumente besagter Herrenabende zu kommen!
Haben Sie aufs erste Mal hinsehen auf dem Foto einen Bräutigam ausgemacht? Ist Ihnen die jämmerlich im Karren hockende Gestalt aufgefallen? Wahrscheinlich nicht.
Eine immer wieder gern stattfindende „Spezialbehandlung" bei Herrenpolterabenden ist der feucht-fröhliche Umzug mit dem Heiratswilligen „Opfer" in einer Sausteige oder einen sonstigen „Gefährt des Schreckens", aus dem es für den Bräutigam kein Entkommen gibt.
Auf unserem Bild sehen sie in der Detailaufnahme einen jungen Herrn im Blauzeug und mit weißer Kappe auf dem Weg von einem Wirt zum anderen. Seinen Freunden ist er spaßeshalber auf Gedeih und Verderben ausgeliefert, das soll eine Vorbereitung zur „Opferrolle" als zukünftiger Ehemann sein.
Der Bräutigam auf dem Foto ist uns persönlich bekannt und ist seit vielen Jahren glücklich verheiratet. An seinen Polterabend erinnern nicht nur Fotos, er ist auch immer wieder nettes und ausgelassenes Thema bei Zusammenkünften mit Freunden.
Was auf den ersten Blick wie ein Möbelumzug bei Nacht anmutet, ist ein Polterabend-Sausteigenausflug mit Bräutigam. Da das polternde Mitternachtsopfer fest verschnürt und eingesperrt in der landwirtschaftlichen Transportbox für Nutztiere liegt, ist es auf dem Foto nicht zu sehen. Der „Sondertransport" mit Lebendfracht zieht von Wirt zu Wirt, meist wird gesungen und buchstäblich „die Sau heraus gelassen". Vielleicht wird deshalb der Bräutigam oft in die dadurch leere Sausteige gesteckt, wer weiß?

tige Gatten am Polterabend unversehens wieder, wie die nächsten beiden Bilder eindrucksvoll belegen. Ein bekannter Innviertler Konditormeister und Zuckerbäcker wurde von seinen Freunden kurzerhand selbst zur Süßigkeit erklärt und in ein fahrbares Backrohr gesteckt. Nach allen Regeln der Küchenkunst wurde er in seinem feucht-warmen Gefängnis „begossen", bevorzugt mit alkoholhältigen Getränken.

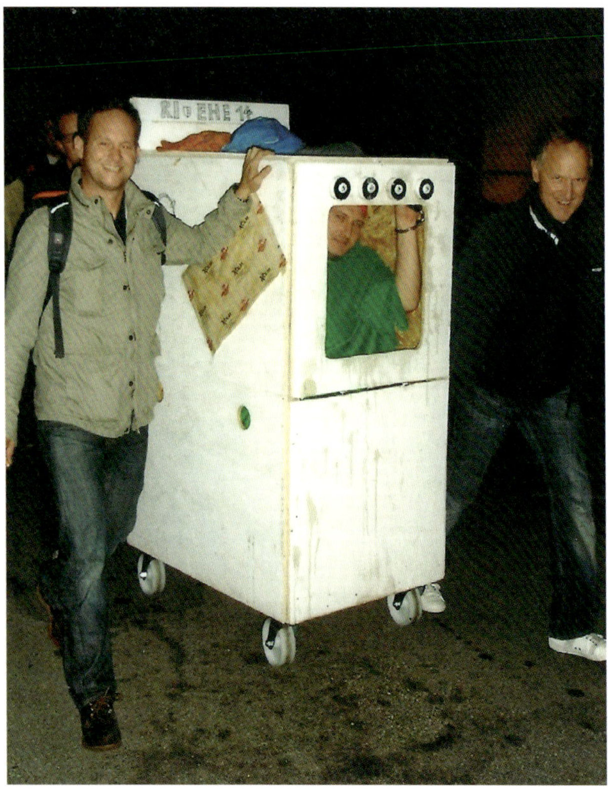

Junggesellinnen-Abschied

Was bei Männern meist mit viel Alkohol und wilden Aktionen verbunden ist, das ist in der „Mädchen-Version“ um ein Vielfaches entspannter, jedoch rosaroter. Denn meist überfallen die Freundinnen die angehende Braut in einem unerwarteten Moment. Sind die Mädels gut vorbereitet, dann folgt ein wildes Verkleiden, Schminken, einheitliches Anziehen und mit Sekt oder Prosecco – wir bedienen an dieser Stelle einfach dieses Klischeedenken – wird der Abend begossen. In einem Korb wird oftmals buntes Zeug – von Tampons über Slips bis hin zu Kondomen – vorbereitet. Und dann folgt der Teil, durch den die Braut durch muss: das Ausgehen im lustigen oder ungewöhnlichen Outfit. Und mit dem Betreten eines Lokals soll die Zukünftige ihre Utensilien an den Mann bringen. Der verdiente Erlös muss schließlich für die Zeche der Damenrunde aufgebracht werden. Weil viele angehende Bräute dieses Spektakel nicht wollen, lädt die Braut oftmals zum gemütlichen Zusammensitzen, zum Abendessen oder zum gemeinsamen Poltern mit dem zukünftigen Ehemann im gemeinsamen Zuhause oder einem Elternhaus der beiden ein. Auch eine veredelte Version des Mädchen-Poltern wurde uns zugetragen. So wünschte sich diese Braut, nicht verunstaltet, sondern verschönert den Polterabend anzutreten und wurde von ihren Freundinnen deshalb zu einer waschechten Miss Beauty gestylt, um den Abend nobel und voll von Glamour zu verbringen. Böse , vom Brauchtum abgeleitete, Denkweisen könnten vermuten lassen, dass der Polter-Luxus auf das eher weniger glänzende Eheleben einer Frau hindeuten könnte…..

Polterspiele und Unterhaltung

Zu einem Polterabend gehören lustige Spiele. Abgesehen vom ewigen wiederholbaren Zusammenkehren der vorher verursachten Scherben und dem Singen verschiedener Weisen und Gstanzln, werden hierfür oftmals wahre Kabarettstücke einstudiert, zum Brüllen komische Gedichte verfasst und vorgelesen aber auch spezielle Spiele kreiert. So hat sich österreichweit das bekannte Kutscherspiel als Trinkspiel etabliert, bei dem neben dem Brautpaar auch andere Gäste beim Versäumen das Aufrufs zum Glas greifen müssten. Oder das Tanz-Spiel, bei dem das Paar in der Mitte ein Tänzchen wagt und sich die Gäste im Kreis um das Pärchen stehend ein Wollknäuel zuwerfen. Takt um Takt wird das angehende Ehepaar schließlich mehr eingewickelt. Das damit symbolisierte Netz der Freundschaft ist das eine Zeichen, das Zeigen der Liebe und des Zusammenhalts beim Befreien das andere. Unendlich viele Spiele können gespielt werden. Wichtig ist, dass gespielt, gelacht und getanzt wird. Denn was gibt es Schöneres als einen mit Freude erlebten Polterabend.

Brautlied singen

„Die Sonne neiget sich …“.

Der Braut am Abend vor der Hochzeit ein Ständchen zu singen, ist einer der ältesten und weit verbreitetsten Bräuche. Schon im Mittelalter wurden „hohe Frauen“ in Liedern besungen und geehrt, das Lied in seinen schönen Melodien ist oft ein Multiplikator für die Gefühle, die ausgedrückt werden sollen.

Zum Brautlied singen versammeln sich gern weibliche Verwandte, unterstützt von den Nachbarinnen und eventuell Freundinnen. Auch gemischte Gruppen singen, es gibt weder Anstands- noch Qualitätsregeln für die Zusammenstellung der singenden Gäste. Der Abend mit seinen ruhigen und romantischen Lichtverhältnissen, der altüberlieferte Text und das Bemühen der Sängerinnen und Sänger verfehlen ihre Wirkung nicht. Manche der anwesenden älteren Frauen wird sich vielleicht aufgewühlt mit einer kleinen Träne in den Augen an jenen Augenblick zurück erinnern, als für sie das Brautlied gesungen wurde.

Manchmal ist es schwierig, eine Brautliedgruppe auf die Beine zu stellen, weil viele glauben, nicht „gut genug“ singen zu können. Lassen Sie sich bitte nicht aus diesem Grund davon abbringen, hier dabei zu sein. Es kommt nicht darauf an, jeden Ton richtig oder perfekt zu treffen, Sie müssen auch nicht mit dem Staatsorchester konkurrieren. Worauf es ankommt, ist die Herzenskraft, mit der der Aufgabe begegnet wird, und Sie werden sehen, dass das Lied auf jeden Fall Freude bringt und die Braut am Abend vor der Hochzeit, wo ohnehin die Nerven blank liegen, entzückt.

Es ist der letzte offizielle Abend der Braut im Haus ihrer Eltern.

Ein überaus emotionaler Gedanke, der in dem Lied in althergebrachter Weise aufgegriffen wird.

Die Brautliedsängerinnen sind meist bei der Mutter der Braut angekündigt, denn der Brauch verlangt, dass die tüchtigen Stimmakrobatinnen für ihre Mühe im Anschluss an das Singen mit einer kleinen Jause oder zumindest mit Kaffee und Kuchen bewirtet werden.

TIROLER HOCHZEITSKUCHEN

in Tirol wurde stehts am Vortag der Hochzeitskuchen kredenzt

Zutaten:
200 g Butter
250 g Staubzucker
6 Eier
1 Teelöffel Zimt
200 g gemahlene Mandeln
Eine Prise Salz
130 g Mehl
Ein Teelöffel Backpulver
200 g Vollmilch-Schokolade gewürfelt

Zubereitung:
Butter und 200 g Staubzucker schaumig rühren, Eier trennen. Eigelb, Zimt, Mandeln, Salz, Mehl und Backpulver daruntermischen. Eiweiß sehr steif schlagen, restlichen Staubzucker unterrühren. Schnee unter den Teig ziehen. Schokowürfel unterheben. Teig in eine Kasten- oder Guglhupfform füllen und im vorgeheizten Backrohr 50 Minuten bei 200 Grad backen – dann 10 Minuten bei offener Backofen-Tür im Rohr stehen lassen.

BEI DER HOCHZEIT

Brautaufwecken und Hochzeitsschießen

Von wegen Schönheitsschlaf am Morgen der Hochzeit: So eine Braut muss in traditionellen Gegenden Österreichs – wie etwa dem Salzkammergut, Tirol oder der Steiermark – schon früh aus den Federn. Und das nicht ganz freiwillig. Denn mit Aufgang der Sonne zwischen vier und fünf Uhr Früh kommen Vereinskollegen, Nachbarn, Freunde oder andere Brauchtums-Liebhaber mit schweren Geschützen um das Brautwecken oder auch Hochzeitsschießen zu vollziehen. Dabei gelten die Schüsse, die entweder durch Schützen oder Böller erzeugt werden, einerseits als Gruß, auch letzter Gruß vor der Ehe an die Braut. Andererseits sollen damit die vermeintlich bösen Geister, die einem Brautpaar schaden können, vertrieben werden. Und da die Braut schließlich die letzte Nacht vor der Hochzeit im Elternhaus verbringen sollte, werden auch die Brauteltern mit aus den Federn geholt.

Was für eine Brautmutter eine Selbstverständlichkeit ist: Sie ist es nämlich, die die Geister-Vertreiber mit einem Frühstück, einer deftigen Jause bzw einer Stärkung versorgen muss. In Teilen des Salzkammerguts werden die „Schiasser" aber in wenigen Traditions-Häusern auch heute noch mit dem sogenannten „Ho'zat-Koch" – einer Art Grieß-Schmarrn bewirtet. Ein besserer Grießschmarrn, der von der Brautmutter, der Braut-Großmutter oder einer Patin für alle in einer großen Pfanne zubereitet wird. Siehe Rezept Seite 46.
Waren es früher alleine die ledigen Männer, die in den frühen Morgenstunden lautstark die Braut aufweckten, sind es heute auch gemischte Gruppen mit Frauen und Männern oder auch Freundeskreise, die sich dem Spaß verschreiben.

Sicher ist jedoch: Was früher eine Selbstverständlichkeit war, ist heute auch eine Anstandsfrage. Denn nicht überall ist es gewünscht, lautstark zu schießen bzw. schon gar nicht ohne Genehmigung des zuständigen Gemeindeamtes.

Doch: Wer vorher die Anrainer informiert, sie vielleicht sogar zum anschließenden Zusammensitzen und Frühstücken mit der Braut dazu holt, dem sollte beim Bewahren dieser schönen Tradition nichts im Wege stehen.

„HOZATKO" –

Das Hochzeitskoch ist ein uraltes Familien-Rezept aus der Steegwirt-Küche Bad Goisern in Oberösterreich

Grieß in die kochende Milch einrühren (so viel Grieß nehmen, dass eine feste Masse entsteht). Salzen, Safran dazugeben, um eine schöne gelbe Farbe zu bekommen. In einer Pfanne Butter heiß werden lassen, den Grießschmarren hineinfüllen und im Rohr eine Zeit lang stehen lassen. Das Hochzeitskoch dann mit einer Gabel zerstechen – es soll körnig und doch weich sein. Zuletzt Zucker drüberstreuen.

Das Hochzeitskoch diente früher als Hochzeits-Frühstück. Heute wird es teilweise noch für die Hochzeitsschießer als „Unterlage" am Morgen des Hochzeitstages aufgetischt, um den langen Hochzeitstag gut zu überstehen.

So war es damals

Heute wird in der Regel an Wochenenden und Feiertagen geheiratet, weil die Gäste mitunter von weither anreisen, und weil die moderne Arbeits- und Alltagswelt die Wochenenden für Privates vorsieht.
Schlägt man in alten Kirchenbüchern und Matriken, vielleicht sogar Familien-Chroniken nach, findet man zum Heiraten jedoch ganz andere Wochentage.
In früheren Zeiten galt in vielen Gegenden der Dienstag, der in diesem Zusammenhang auch „der ordentliche Dienstag“ oder „der ehrliche Dienstag“ genannt wurde, als der richtige Tag für Vermählungen, und das aus verschiedenen Gründen.
Der Dienstag war ein „gerader“ Tag und somit auch ein Fleischtag, nicht unwesentlich für die Bewirtung der Hochzeitsgäste. Und er ist am wenigsten mit Aberglauben verknüpft, was die Ausgangslage für eine gute Ehe dem Volksglauben nach deutlich erhöhte.
Der „ehrliche“ Dienstag erlaubte eine Eheschließung im vollen Einverständnis und den gesellschaftlichen Regeln entsprechend, und es heirateten „ehrbare Leut’ mit reinem Gewissen“ an diesem Wochentag.
Der „unehrliche“ Mittwoch war schwangeren Hochzeiterinnen vorbehalten und Paaren, die den fleischlichen Gelüsten bereits vor der Hochzeitsnacht erlegen sind und somit nicht mehr unberührt in die Ehe gingen. In wie weit das Wissen darüber freilich der Allgemeinheit zugänglich war, können wir natürlich heute nicht mehr beantworten.

Hochzeitsbläser

Musik, die aus der Seele fließt!

Eine Hochzeit ohne Musik ist beinahe so unvorstellbar wie eine Hochzeit ohne Braut!
Musik ist der Schlüssel zur Fröhlichkeit, und Hochzeiten gehören nun einmal zu den fröhlichsten Momenten in unserem Leben!
Im Hausruckviertel und auch an vielen anderen Orten sind die Hochzeitsbläser mit ihren herrlich glänzenden Blechblasinstrumenten nicht nur wichtig, sie sind geradezu unverzichtbar!
Jeder neue Punkt im Programmverlauf des Hochzeitsfestes wird von den Hochzeitsbläsern und ihren goldglänzenden Instrumenten lautstark angekündigt. Dass es die Stimmung hebt, von fröhlichen Musikanten begleitet zu werden, ist wohl unbestritten. Ebenso, dass sie in ihrer schönen Tracht oft einen prächtigen Anblick bieten.
Dass die Bläser mit ihrer lauten Musik „Wirbel" machen, ist wunderbar!
Dem Brauchtum entsprechend ist das Laute, Bunte immer dazu geeignet, böse Geister zu vertreiben. Der Geräuschpegel der Hochzeitsbläser lässt garantiert keine schlechte Stimmung aufkommen! Sie sind es, die schon am Morgen beim Brautholen zum ersten Mal Musik erklingen lassen, mit dem rührenden „Brautlied" die Seelen berühren. Sie sind es auch, die beim Brautstehlen die frisch gebackene Ehefrau wieder gemeinsam mit dem Ehemann und einer lautstarken Ankündigung wieder zurück zur Hochzeitsgesellschaft bringen. Und sie sind es auch, die als allerletzte Gäste das Hochzeitsfest verlassen. Erst wenn sie den „Rausschmeißer" - ein Abschlussstück – gespielt haben, ist die Feier auch tatsächlich zu Ende. Es ist eine besondere Ehre und ein wertender Höhepunkt mehr, wenn Hochzeitsbläser das Hochzeitsfest verschönern. Die Hochzeitsbläser werden deshalb nicht nur mit Barem entlohnt, sondern gehen auch selbstverständlich den ganzen Tag über frei. Und sind es ganz besonders lustige Gesellen, dann sind sie es, die auch die alleinstehenden, unverheirateten Damen immer wieder zum Tanze auffordern. Schon so mancher „Hochzatbloser" hat dabei die „Seine" gefunden.

Der Weg ins Glück

Es ist ein bundesländerübergreifender Brauch, die Braut am Tag der Hochzeit von ihrem Elternhaus abzuholen. War es in Kärnten früher die Kutsche, die die Braut mit Hab und Gut abholte, oder in Salzburg und dem angrenzenden Kärnten der Brautführer oder Hochzeitslader, der die Zukünftige dem Elternhaus entführte, so ist es heute meist der Brauch, dass der Bräutigam mit seinem engsten Gefolge seine künftige Ehefrau von daheim abholt.

Fein säuberlich geputzte Autos, glänzende Stoßstangen und polierte Felgen - wenn ein Bräutigam etwas auf sich hält, dann wird am Hochzeitstag vor dem Elternhaus der Braut ordentlich vorgefahren. Immerhin hat sich von früher erhalten, der Braut und den Eltern an diesem Tag zu zeigen, dass sie eine gute Partie heiraten wird. Und steigt der angehende Ehemann aus diesem mit Blumengestecken und Bändern verzierten Gefährt, so sollte er auch den Brautstrauß für die Braut im Gepäck haben. In Teilen des oberösterreichischen Salzkammerguts hat er sogar die Morgengabe in Form von Schmuck für den Hochzeitstag schon mit dabei. In jedem Fall aber begleiten ihn in vielen Teilen Österreichs – besonders im Hausruck und Traunviertel Oberösterreichs – die Hochzeitsbläser. Musiker des örtlichen Musikvereins, die das Brautpaar von der ersten Minute des Aufeinandertreffens bis zum Abschied um oder nach Mitternacht umschwärmen. Und kaum tritt der Bräutigam vor das Haus der Braut und schreitet vielleicht auch noch unter einem Schwell- oder Ehrenbogen hindurch, sogleich stimmen diese Bläser das Brautlied noch einmal an. „Die Sonne neiget sich…" ist damit meist jener Moment, in dem die Braut die Tür öffnet und ihren heiß ersehnten Zukünftigen begrüßt. Da kann es dann und wann schon sein, dass die Tränen fließen und sich auch die Mutter der Braut und ihre Tochter noch einmal in den Armen liegen. Eine Brautmutter hat an dieser Stelle die Aufgabe, die Gäste zu begrüßen, sie zu bewirten und beide Seiten der Verwandtschaft miteinander bekannt zu machen.

Kleine Hindernisse, große Freude

In vielen Gebieten am Land in Tirol ist es immer noch üblich, dass der ganze Ort eine Einladung zur Hochzeit bekommt, und zwar per Post. Wer dann dieser Einladung folgt, bezahlt sich üblicher Weise seine Zeche selbst.
Die Gäste, die auch bewirtet und zu Speis und Trank eingeladen werden, bekommen ihre Einladungen meist persönlich vom Brautpaar überreicht, was eine ziemlich große Zeitinvestition darstellt, aber andererseits viele schöne Gespräche und Begegnungen ermöglicht.
Die persönlich geladenen Tafelgäste bringen nicht selten Geldgeschenke mit, die sie zwischen Hauptspeise und Kaffee und Torte überreichen. Doch werden die Kuverts nicht verschlossen und diskret über den Tisch geschoben, sondern öffentlich und unter der Nennung des genauen Betrages, der dem Brautpaar zugedacht ist, überreicht. Das Brautpaar „ehren“ heißt dieser Brauch, und der Brautführer, die Taufpatin, oder eine sonstige verlässliche Person führt an Ort und Stelle eine Liste, auf der die jeweiligen Beträge samt Spendernamen penibel festgehalten werden.
Anschließend trinkt jeder, der das „Ehren“ hinter sich hat, einen kräftigen Schluck Johannessegen-Wein aus einem Silberbecher. Vielleicht, damit man ein größeres Geldgeschenk leichter verdaut?

„Ehren“ und die Taschen leeren

Steigt die Braut dann nach dem gemütlichen Umtrunk mit der Verwandtschaft ins Auto des Bräutigams, so gilt es, sie gut in die Heimatgemeinde des Bräutigams bzw. zum Standesamt zu bringen.
Doch der Weg führt meist nicht direkt ans Ziel. Auf der Strecke warten meist schon Nachbarn, Freunde, Kinder aus der Umgebung, Vereinskollegen oder Gäste, die nicht eingeladen sind, um das Brautpaar zu „verziehen“, was so viel wie absperren bedeutet.
Mit bunten Bändern, mit Holzscheitern, mit Seilen oder Leintüchern wird die Straße versperrt. Sofort gilt es, anzuhalten, auszusteigen und den erteilten Aufgaben der „Verziaga“ Folge zu leisten.
Dabei ist der wohl beliebteste Brauch, mit einer Säge

gemeinsam einen Ast durchzusägen. Sägt das Paar im Gleichklang, bedeutet dies eheliche Harmonie. Nach erfolgreicher Bewältigung der Aufgabe wird schließlich auf das Wohl der Eheleute angestoßen. Entweder mit Hochprozentigem – den in Niederösterreich die Brautleute selbst mithaben müssen – oder mit einem Schluck Sekt.
Kinder, die lustige Aufgaben wie etwa Trettraktor fahren oder Ähnliches aufgetragen haben, schenkt man üblicherweise Süßes und ein bisschen Geld um sich dem Brauch nach den Weg frei zu kaufen. Erst dann kann die Fahrt fortgesetzt werden. Auch hier gilt: je beliebter das Paar, desto öfter wird die Straße auf dem Weg ins Glück abgesperrt.

Den Weg am Hochzeitstag abzusperren, kennt man auch aus Kärnten, wo man diese Tradition hauptsächlich bei Paaren durchführte, bei denen die Braut aus einem anderen Ort kam und sie sich mit der Erledigung der Aufgabe bzw. dem Stamperl Schnaps oder dem Geldgeschenk an die Kinder den Weg und damit den Zutritt in den neuen Heimatort erkaufen musste. Traditionell führt den Konvoi das Bräutigam-Auto an, dahinter fährt meist das Auto der Braut und hinter ihr die engste Verwandtschaft und die Freunde, die mit lautem Gehupe in den Ortsschaften ihre Zugehörigkeit zum Hochzeitesfest andeuten und auf den schönsten Tag im Leben lautstark hinweisen.

Das formelle „Ja“

Wer sich für das „Ja“-Wort am Standesamt entschließt, der tritt den vor dem Gesetz gültigen Weg der Eheschließung an. War das Standesamt früher meist auf Ämtern oder Gemeinde-Gebäuden sowie Rathäusern untergebracht, so sind es heute immer öfter tolle Locations im Freien, in Schlössern, Burgen und anderen würdigen, noblen Gebäuden.

Nur der engste Familien- und Vetrauten-Kreis bildet meist die Gästeschar am Standesamt. Nach einem gemeinsamen Einzug, darf das Paar vor dem Standesbeamten/der Standesbeamtin Platz nehmen. Daneben sitzen meist die Trauzeugen. Also jene Personen, die auch vor dem Gesetz den geschlossenen Bund der Ehe mit ihrer Unterschrift bezeugen. Eine romantische Begrüßung und eine weniger romantische Feststellung der Personalien sind jene Punkte, die dann meist folgen. In vielen Fällen ist es heute Gott sei Dank schon so, dass der Standesbeamte sich vorab mit dem Paar getroffen hat, um dann im gegebenen Moment eine würdige, schöne Trauungsrede sprechen zu können. Nacheinander, deutlich und laut werden die Ehepartner dann gefragt, ob sie auch tatsächlich den Bund fürs Leben schließen wollen. Im Zuge unserer Recherchen zu diesem schönen Thema ist auch jene Geschichte aus Steyr in Oberösterreich aufgetaucht, bei der die Braut auf die Frage „Wollen Sie den hier anwesenden…“ Mit einem typisch österreichischen Sager „Na-no-na-net“ antwortete. Auf weitere Nachfrage des Standesbeamten kam schließlich die lustig gemeinte Antwort „Na, wos denn?“ – und eine dritte Nachfrage des Standesbeamten kam leider nicht mehr.

Die Trauung wurde – was bei Antworten außer „Ja“ gesetztlich geregelt ist – abgebrochen. Wir kennen den Ausgang der Geschichte nicht, wurden aber über das enttäuschte Gesicht der aberwitzigen Braut ausgiebig informiert. Sollten aber beide Partner – wie erwartet – „Ja“ sagen, so wartet die gesamte Gästeschar nach dem Ringtausch auf den Brautkuss, der meist unter tosendem Applaus vollzogen wird.

Tja, und schon ist man unter der Haube! Denn was dann folgt, ist nur mehr die Verlesung des

Ehebucheintrags, die Unterschrift der jeweiligen Trauzeugen und natürlich die wichtigste Unterschrift: jene von Bräutigam – und im Falle eines Namenswechsels – der neue Name der Braut. Und in punkto Standesamt muss es längst nicht mehr das verstaubte Amt sein. So kann man am Mondsee auf dem Schiff, auf dem Katschberg in der Bergkapelle, im oberösterreichischen Schloss Ort mitten im Traunsee, in der Steiermark auf der Burg Kapfenberg oder der Burg Deutschlandsberg, im zauberhaften Salzburger Schloss Mirabell und noch vielen weiteren originellen Plätzen die standesamtliche Trauung feiern. Grundsätzlich gilt: prominente und beliebte Daten wie den 20.02.2020 eher meiden. Denn entweder man hat dann keine Chance oder teilt sich den Termin mit hunderten anderen Paaren, die vor und nach einem beim „Ja"-sagen „drankommen".

Die Liebe lieben...

Jetzt ist er endlich wieder da,
der holde Mai, juhu trara!
Das Leben wogt, die Bäume blüh´n
und alle Wiesen sind so grün!

Der Mai ist prachtvoll und nicht ohne,
er sorgt zuhauf für Glückshormone,
und weil´s oft nicht verborgen bleibt,
wozu das Herz die Menschen treibt,
wird nun geheiratet wie toll,
die Standesämter sind jetzt voll!

Eigentlich klasse, wenn man´s wagt,
wo doch der Trend ganz trocken sagt,
dass Ehen meist nicht lange halten,
und dass Gefühle schnell erkalten!

Doch auch wenn manche Schwüre selten
bis dass der Tod zwei scheidet, gelten,
sind sie auch Zeichen für ein „Ja"
zum prallen Leben – wunderbar!
Letztendlich ist es doch die Liebe,
die uns beseelt – und nicht die Triebe!

Klug ist, wer stets die Liebe ehrt,
zu lieben macht auch liebenswert!

Monika Krautgartner

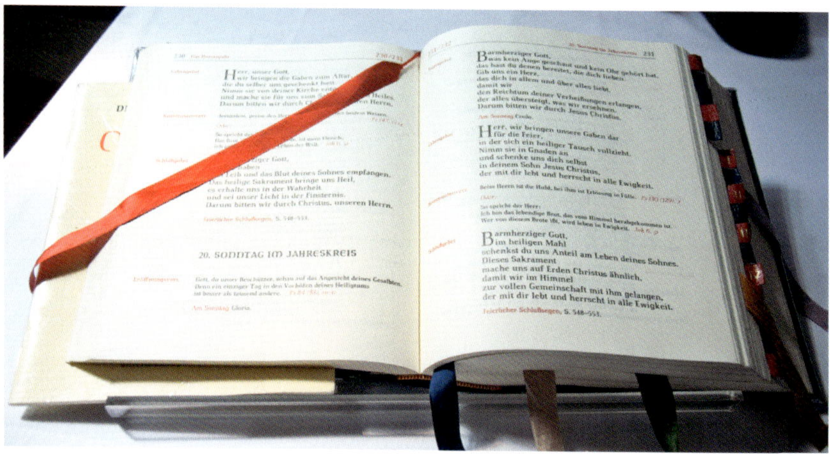

Eine der beliebtesten Lesungen

Das Hohelied der Liebe
Lesung aus dem erstem Brief an die Korinther (1Kor 13,1-13)

1 Kor 13,1
Wenn ich in den Sprachen der Menschen und Engel redete, / hätte aber die Liebe nicht, / wäre ich dröhnendes Erz oder eine lärmende Pauke.

1 Kor 13,2
Und wenn ich prophetisch reden könnte / und alle Geheimnisse wüsste / und alle Erkenntnis hätte; / wenn ich alle Glaubenskraft besäße / und Berge damit versetzen könnte, / hätte aber die Liebe nicht, / wäre ich nichts.

1 Kor 13,3
Und wenn ich meine ganze Habe verschenkte / und wenn ich meinen Leib dem Feuer übergäbe, / hätte aber die Liebe nicht, / nützte es mir nichts.

1 Kor 13,4
Die Liebe ist langmütig, / die Liebe ist gütig. / Sie ereifert sich nicht, / sie prahlt nicht, / sie bläht sich nicht auf.

1 Kor 13,5
Sie handelt nicht ungehörig, / sucht nicht ihren Vorteil, / lässt sich nicht zum Zorn reizen, / trägt das Böse nicht nach.

1 Kor 13,6
Sie freut sich nicht über das Unrecht, / sondern freut sich an der Wahrheit.

1 Kor 13,7
Sie erträgt alles, / glaubt alles, / hofft alles, / hält allem stand.

1 Kor 13,8
Die Liebe hört niemals auf. / Prophetisches Reden hat ein Ende, / Zungenrede verstummt, / Erkenntnis vergeht.

1 Kor 13,9
Denn Stückwerk ist unser Erkennen, / Stückwerk unser prophetisches Reden;

1 Kor 13,10
wenn aber das Vollendete kommt, / vergeht alles Stückwerk.

1 Kor 13,11
Als ich ein Kind war, / redete ich wie ein Kind, / dachte wie ein Kind / und urteilte wie ein Kind. Als ich ein Mann wurde, / legte ich ab, was Kind an mir war.

1 Kor 13,12
Jetzt schauen wir in einen Spiegel / und sehen nur rätselhafte Umrisse, / dann aber schauen wir von Angesicht zu Angesicht. Jetzt erkenne ich unvollkommen, / dann aber werde ich durch und durch erkennen, / so wie ich auch durch und durch erkannt worden bin.

1 Kor 13,12
Für jetzt bleiben Glaube, Hoffnung, Liebe, diese drei; / doch am größten unter ihnen ist die Liebe.

Der Gang vor den Altar

Es ist wohl jener Moment, in dem das Herz der künftigen Eheleute am meisten pocht. Kurz vor dem ersten Schritt der Braut in die Kirche, kurz vor dem ersten Blick des Bräutigams auf die Braut – dann trennen die Liebenden nur mehr wenige Schritte vom gemeinsamen Glück.
Wer die kirchliche Hochzeit als Teil seiner Eheschließung wählt, der ist meist im Glauben verhaftet, schätzt den Segen von oben und will auch vor dem lieben Gott „Ja" zueinander sagen. Von Region zu Region unterschiedlich sind dabei die Bräu che und Gepflogenheiten, wie in die Kirche eingezogen wird.
Während man in manchen Gegenden vom Standesamt weg, wenn es denn nahe genug ist, direkt im Ehrenzug zur Kirche geht und von dort als Ehepaar in die Kirche einzieht, ist wo anders wiederum der Brauch, dass erst die Gäste einziehen und man anschließend den großen Auftritt des Brautpaares miterleben darf. In Österreich wird die Braut traditioneller Weise vom Hochzeitslader oder Brautführer (oberösterreichisches Mühlviertel) begleitet.

Mehr und mehr aber setzt sich die amerikanische Version durch, wo es üblich ist, dass der Vater der Braut „sein Mädchen" zum Altar bringt. Nicht selten zittert dabei der Vater mindestens genauso wie die Tochter. Und er übergibt sie schließlich seinem künftigen Schwiegersohn mit einem bittenden, richtungsweisenden, strengen oder liebevollen Satz, in dem er den jungen Mann eindringlich ermahnt, die Tochter stets gut zu behandeln und zu ehren.

Führe mich zum Altar

Mein guter Vater, so schön im Anzug und galant,
brauch' beim heutigen Gang noch so sehr deine Hand.
So wie du mich geführt, mein ganzes Leben,
musst einmal noch Schutz und Stärke mir geben.

Angekleidet wie nie zuvor und strahlend schön,
so will ich meinem Bräutigam gegenüberstehn´.
Er schwört, er steht mir bei und hält mich fest,
und nimmt mich an aus eurem gut behüteten Nest.

Mein Herz klopft wild bei diesem Weg an deiner Seite,
wenn uns Musik vor Gott zum Altar geleite.
Schritt für Schritt verlass ich dabei das Elternhaus,
und schreite stolz mit Vater, Schleier, Strauß.

Ein letzter Dank für dich als dein Kind,
die Zeit als Mädchen verflog so geschwind!
Mit wunden Knien und Herzensschmerzen,
mit Umarmungen und Gesten die von Herzen,
von dir und meiner Mutter stets überreich kamen,
und mir die Angst vor der Ungewissheit nahmen.

Ich drück dich, Vater, hier und immerdar,
vergelt´s Gott und verzeih´, wenn ich mal böse zu dir war.
Vor allen, die hier sind, leg nun meine Hand,
in die meines Mannes, wo Liebe ich fand!
Nie werd' ich vergessen, wo meine Wiege stand,
ich liebe dich, Vater, – doch nun löse ich meine Hand.

Sabine Kronberger

Auch die Zubraut-Leut´ führen das Paar

In vielen Teilen Oberösterreichs und Niederösterreichs sowie dem benachbarten Bayern ist es jedoch auch üblich, dass die Zubraut und der Zubräutigam die Eheleute führen. Bei dieser Variante ziehen erst die Gäste ein und nehmen Platz, dann folgt die Zubraut mit dem Bräutigam. Sie bring ihn zu Orgelklängen zum Alter, wo sie ihm alles Gute wünscht und sich in die erste Reihe setzt. Erst dann folgt ein traditionelles Hochzeitslied, zu dem der Zubräutigam – oft ein Bruder der Braut – die künftige Ehefrau zum geduldig wartenden Bräutigam bringt.

Volksgut:

Die Hochzeitskerze spricht

*Ich habe es gesehen,
meine kleine Flamme war dabei
als ihr die Hände ineinander gelegt
und euer Herz verschenkt habt.*

*Ich werde es sehen,
meine kleine Flamme ist dabei,
wenn ihr die Hände ineinander legt
und euer Herz verschenkt.*

*Ich bin mehr als bloß eine Kerze,
ich bin ein stummer Zeuge
im Hause eurer Liebe
und wohne weiterhin bei euch.*

*An Tagen, da die Sonne scheint,
braucht ihr mich nicht anzuzünden.
Aber wenn ihr vor Freude außer euch seid,
oder ein anderer schöner Stern
am Horizont eures Lebens erscheint,
dann zündet mich an.*

*Zündet mich an, wenn es dunkel wird,
wenn in eurer Liebe Sturm einbricht,
wenn der erste Streit da ist,
wenn ihr lautlos unter etwas leidet,
dann zündet mich an.*

*Zündet mich an,
wenn der erste Schritt getan werden muss,
und ihr wisst nicht wie,
wenn eine Aussprache notwendig ist,
aber ihr findet keine Worte,
wenn ihr euch umarmen möchtet,
aber die Hände sind wie gelähmt,
dann zündet mich an.*

*Mein kleines Licht ist für euch
ein deutliches Zeichen.
Es spricht seine eigene Sprache,
die jeder versteht.*

*Ich bin eure Hochzeitskerze.
Ich hab' euch beide gern.
Lasst mich brennen, solange es nötig ist,
bis ihr mich Wange an Wange ausblasen könnt.
Dann sage ich dankbar: Bis zum nächsten Mal.*

Ehegelöbnis

Das Ehegelöbnis ist ein zentraler Punkt der Hochzeit und so kommt ihm große Bedeutung zu.
Auch hier gilt freilich, was auch für viele andere Bereiche der Zeremonie gilt: Jedes Paar macht das auf seine Weise und überlegt sich zumeist sehr gut, warum sie diese oder jene Art der Zeremonie wählen.
Viele Paare lieben das einfache, schlichte, geradlinige und traditionelle Ehegelöbnis, das in der Regel dem Priester nachgesprochen wird, und den Kern der Ehe auf wunderbare Weise darstellt:

Ingrid ich nehme Dich zu meiner mir angetrauten Frau,
Karl ich nehme Dich zu meinem mir angetrauten Mann,
ich will dich lieben, achten und ehren,
in guten und in schlechten Zeiten, in Gesundheit und Krankheit,
bis das der Tod uns scheidet,
so wahr mir Gott helfe.
Trage diesen Ring als Zeichen unserer Liebe und Treue.
Im Namen des Vaters, des Sohnes und des Heiligen Geistes.
Amen.

Andere Paare wollen ein etwas ausführlicheres Gelöbnis tun, und bemühen sich bereits bei der Vorbereitung für die Hochzeit darum.
Auch das streicht die Einzigartigkeit dieser ganz speziellen Eheschließung hervor.

Liebe Klara, ich nehme Dich mit diesem Ring zu meiner angetrauten Frau,
Lieber Franz, ich nehme Dich mit diesem Ring zu meinem angetrauten Mann,
weil ich damit sagen will, dass ein Leben ohne Dich für mich unvorstellbar ist.
Vor dem Altar und in Anwesenheit unserer Eltern, Familien und Freunde gelobe ich Dir,
dass ich Dich lieben, achten und ehren will solange ich lebe.
Mit ganzer Kraft meiner Seele will ich mich Dir hingeben,
ich werde über Dein Wohl, Dein Glück und Deine Gesundheit wachen,
als wärest Du ich selbst.
Wenn Du Zuspruch brauchst, wirst Du ihn von mir bekommen.
Wenn Du Kummer hast, höre ich Dir zu und bin für Dich da.
Wenn Du traurig bist, will ich Dich nach besten Kräften trösten.
Wenn Du deine Freude mit mir teilen willst, strecke ich Dir dankbar meine Hände entgegen.
Wenn Du eine starke Schulter suchst, so bin ich da.
Wenn Du Dich über einem Abgrund wähnst, so verlasse Dich auf die Kraft meiner liebenden Arme, denn für Dich bin ich stark und lasse Dich niemals los.
Ich werde von nun an alles mit Dir teilen.
Ich verweigere Dir nichts, denn Dein Glück ist meine Aufgabe und mein Wunsch.
Und sollte ich mein Gelöbnis einmal nicht in vollem Umfang erfüllen können, so hoffe ich, dass die Erinnerung an den heutigen Tag mir die Kraft und den Mut dafür gibt, denn ich werde niemals müde werden, Dich zu lieben, so wahr mir Gott helfe.
Trage diesen Ring, mein Herz, als Zeichen meiner die Zeiten überdauernden Liebe und Treue und vertraue mir.
Es wird niemals anders werden.
Das gelobe ich.
Im Namen des Vaters und des Sohnes und des Heiligen Geistes.
Amen.

Das Ehegelöbnis ist ein magischer Augenblick, der auch nicht besonders tief religiösen Menschen ans Herz greift. Die Anwesenheit Gottes wahrnehmend, ist es doch eine große Sache, Liebe und Treue zu schwören.
Immer mehr setzt sich auch in Österreich das individuelle, selbst geschriebene Ehegelöbnis durch. Es spricht auch nichts dagegen, sich bei der Formulierung helfen zu lassen. Wenn Sie gerne ein persönliches Gelöbnis formulieren möchten, aber Angst davor haben, sich womöglich aus Stil- oder Ausdrucksgründen zu blamieren, möchten wir Sie ermuntern, es dennoch zu tun. Niemand wird Sie auslachen oder wegen Ihres persönlich formulierten Eheversprechens die Nase rümpfen! Im Gegenteil. Es wird seine Wirkung bei Ihrer Partnerin, Ihrem Partner nicht verfehlen, und auch die anwesenden Gäste werden es zauberhaft finden. Nur Mut!

Darf man ein Ehegelöbnis „herunter lesen“?

Natürlich darf man das! Wenn Sie ein schönes Ehegelöbnis in Ihren eigenen Worten verfasst haben und Angst haben, es womöglich in der Nervosität nicht fehlerfrei präsentieren zu können, lesen Sie es ruhig vom Blatt ab. Sie sind in der Kirche vor Gott und nicht beim Freisprech-Gedichte-Wettbewerb! Niemand wird sich daran stoßen. Machen Sie es, wie es Ihnen richtig erscheint, und Sie werden sehen: es wird ganz wunderbar.

Tischgebet

Hand aufs Herz: es ist gar nicht so einfach, wie die Sache mit dem Speisen bei der Hochzeit gehandhabt werden soll. Wer beginnt zu essen, wann beginnt man mit dem Essen, und wie verhält man sich höflich den Gästen gegenüber?
Ein Tischgebet ist für viele Menschen ein guter Rahmen, um einerseits der religiösen Tradition gerecht zu werden, und um andererseits einen schönen, passenden Beginn des gemeinsamen Hochzeitsmahles einzuleiten.

Wer spricht das Tischgebet?

Wenn der Pfarrer (bei evangelischen Hochzeiten auch die Pfarrerin) zur Hochzeit eingeladen ist, wird er oder sie meist im Vorfeld schon darum gebeten, später das Tischgebet zu sprechen. Wenn man ein persönliches Gebet für die Hochzeit schreibt, sollte man es der oder dem Geistlichen früh genug geben, dass sie oder er es durchlesen und bei Bedarf auch einmal einstudieren kann. Es ist für jeden Menschen unangenehm, wenn einem kurzfristig ein Zettel zugesteckt wird, der „auf der Stelle" vorzulesen wäre. Also bitte rechtzeitig das Thema besprechen und das Wunschgebet, falls es eines gibt, überreichen.
Wenn keine Vertreterin oder kein Vertreter der Kirche zugegen ist, um diese schöne Aufgabe zu übernehmen, spricht meist einer der Männer das Tischgebet. Feste Regeln hierfür gibt es nicht.
Es kann auch jedem dafür ausgewählten lieben Gast diese feierliche Geste überantwortet werden.
Mit dem Beenden des Gebetes schafft man zugleich einen offiziellen Beginn für das gemeinsame Essen.

Welches Gebet wird gesprochen?

Sie können es dem geistlichen Beistand überlassen, welches Gebet er sprechen will, oder sie gestalten es selbst. Ein kurzes Tischgebet ist in vielen Häusern für eine gesegnete Mahlzeit unerlässlich, und wir empfehlen es auch für den Hochzeitstisch, da es weder viel Zeit, viel Energie, noch viel Mühe kostet, für die kostbaren Speisen zu danken, und in unserer Kultur für viele Menschen – und sei es die ältere Generation, die bei der Hochzeit sicher zahlreich anwesend ist - einfach dazugehört.

„Komm, lieber Herr Jesus, und sei unser Gast.
Segne die Speisen, die Du uns so reichlich schenkst, damit sie uns wohl bekommen und wir den Wert des gemeinsamen Essens erkennen können.
Segne jene, die dieses köstliche Hochzeitsmahl mit viel Liebe für uns zubereitet haben, und lass uns dankbar sein für alles, was wir heute miteinander teilen dürfen.
Amen."

„Im Namen des Vaters, des Sohnes und des Heiligen Geistes!
Wir dürfen nun aus vollen Töpfen und Pfannen ein wunderbares Hochzeitsmahl genießen und danken Gott für seine reichen Gaben.
Es ist keine Selbstverständlichkeit an einem festlich gedeckten Tisch wunderbare Speisen genießen zu dürfen, wir sind aus ganzem Herzen dafür dankbar.
Segne die Gäste und jene, die sich in großer Mühe um dieses Festmahl verdient gemacht haben.
Segne die feinen Speisen, damit sie uns allen wohl bekommen.
Herr Jesus Christus, sei in unserer Mitte unser Gast, und nimm als bescheidene Geste unser Gebet und unseren Dank entgegen.
Amen."

Pater Bernhard A. Eckerstorfer
vom Benediktinerstift Kremsmünster

Auf der anderen Seite des Traualtars

„Heute habe ich eine Hochzeit", sage ich an so manchen Samstagen. Darauf kommt manchmal ironisch die Antwort: „Was? Du heiratest?" Tatsächlich identifiziere ich mich mit den Hochzeiten, bei denen ich am Traualtar stehe – freilich auf der anderen Seite. Intensiv nehme ich Anteil am Liebesglück junger Paare, die ihr Leben zusammen führen wollen.

Als Priester werde ich oft eingelassen in Seelenräume von Menschen. Sie vertrauen mir etwas an, was kaum jemand anderer erfährt. Beim Trauungsgespräch frage ich die Braut und den Bräutigam, wie sie sich kennenlernt haben und welche Stärken oder Schwächen sie beim anderen sehen. Mir ist wichtig, dass sie den Menschen ihres Lebens nicht idealisieren. Die Liebe zweier Menschen kann wie nichts anderes beglückend sein, aber es gibt auch Enttäuschungen und Verletzungen. Beides erlebe ich bei Paaren, die ich vor Jahren getraut habe.

Brautleute kommen zum Priester, weil sie den Segen Gottes für ihre Beziehung erbitten. Sie wollen vor ihm „Ja" zueinander sagen. Ich bin jedes Mal berührt, wenn in der Kirche sich ein junger Mann und eine junge Frau anblicken und sagen: „Ich verspreche dir die Treue in guten und in bösen Tagen, in Gesundheit und Krankheit, bis der Tod uns scheidet." Weil ich ihnen direkt gegenüberstehe, sehe ich, wenn eine Braut Tränen in den Augen hat und ein Bräutigam beim Anstecken des Ringes zittert. Ob die Hochzeitsgäste da meine Ergriffenheit merken?

„Ich will dich lieben, achten und ehren alle Tage meines Lebens", heißt es daraufhin. Ja, die Liebe bleibt nicht immer dieselbe, sie will jeweils neu erworben und gestaltet werden. Aber sich in christlicher Ehe verbinden bedeutet auch, an sie glauben, wenn die innige Zuneigung schwer fällt. Aus diesem Glauben heraus soll alles daran gesetzt werden, den anderen zu achten und zu ehren. Das fasziniert mich: Ein alter Mann schätzt sichtlich seine Frau, obwohl ich weiß, dass er auch unter ihr leidet. Oder eine Frau im mittleren Alter gibt ihrem Mann die Bestätigung, die ihm guttut, trotz etlicher Enttäuschungen in ihrer Ehe.

Priestergewänder werden extra für Hochzeiten in der Paramentik Steinerkirchen in Handarbeit hergestellt.

Unser Lebensglück ist immer vorläufig und brüchig. Aber das Sakrament der Ehe ist der Anfang von Gott her, der mitgeht durch alle Tage bis zur Vollendung in einer anderen Welt. So ist mir dieses Ritual jeder Hochzeit wichtig geworden: Der Priester wickelt seine Stola nach dem Treueversprechen um die ineinandergelegten Hände des Brautpaars, legt seine eigene Hand darauf und spricht: „Gott hat euch verbunden. Er ist treu. Er wird zu euch stehen und das Gute, das er begonnen hat, vollenden."

Der Kuss

Warum küssen wir?
Die Forschung sagt,
wir küssen,
um Kontakt aufzunehmen,
um Freundschaft auszudrücken,
um Ehrerbietung zu zeigen,
um Bindung aufzubauen,
um Cortisol abzubauen,
um Oxytoxin auszuschütten,
um mehr als 30 Gesichtsmuskeln zu betätigen,
um Kalorien zu verbrauchen,
um Intimität vorzubereiten,
um Beziehungen lange zu erhalten,
um Sehnsucht zu stillen.
Ich weiß nicht!
Ich fühle. Ich küsse!
Gerne!
Weil ich lebe,
weil ich liebe,
weil es prickelt, und beflügelt.
Ich küsse,
einfach,
weil ich bin!

Patricia Weißl-Günther

Blumen streuen ...

Nach der Trauung beim Verlassen der Kirche, manchmal auch des Standesamtes, streut man dem Brautpaar Blütenblätter auf den Weg.
Dieser schöne, bunte Blätterregen symbolisiert zum einen, dass man dem jungen Paar wünscht, es möge der gemeinsame Lebensweg wie ein heiterer Spaziergang durch einen Blumengarten sein. Zum Anderen steht die Blüte, das Blühende auch für „das blühende Leben", also für Fruchtbarkeit und Kindersegen für das Ehepaar.

Düfte und Farben

Manchen ZeremonienmeisterInnen oder HochzeitsplanerInnen sind die Düfte der Streublüten wichtig, anderen die Farbharmonie, das heißt, dass sich das Farbthema der Hochzeitsdekoration auch in den Streublumen wiederfindet. Diese kleinen Detailfragen schmälern oder verändern die Kernaussage dieses schönen Brauches nicht. Es ist immer eine sehr freundliche, positive Zuwendung, die man dem Brautpaar erweist, in dem man ihm Blumen und Blüten streut. Man drückt damit aus, nur das Beste für die beiden zu wollen.

Wer streut dem Brautpaar Blumen?

Es gibt keine bestimmte Person, die für den bunten Regen verantwortlich ist. Zumeist sind es Kinder, die in ihrer festlichen Aufmachung und einem Körbchen voller Blüten mit großem Bemühen diese kleine Arbeit übernehmen. Und falls dadurch kleine Pannen entstehen – einmal wollte ein Mädchen partout ihre Blüten mit niemandem teilen und weigerte sich beharrlich, diese auszustreuen, in einem anderen Fall wurde uns berichtet, wollte ein Blumenkind „seine" Blüten dem Hasen mit nach Hause nehmen und trennte sich ebenfalls nur schwer von ihnen – tun sie der Freude und Fröhlichkeit keinen Abbruch.

Tipp:

So schön es ist, über einen Teppich aus Blüten und Blättern zu schreiten, so schwierig ist es manchmal, den Weg wieder sauber zu bekommen.
Bitte informieren Sie sich schon vor dem großen Tag, ob es erlaubt ist, Blumen zu streuen, denn es wird nicht automatisch überall gerne gesehen.
Es gibt „heikle" Böden und stark abfärbende Blütenblätter. Das Einverständnis ihres Pfarrers oder der Damen und Herren am Standesamt für das Blumen streuen vorausgesetzt, wäre es auch zu überlegen, ob man nicht jemanden im Vorhinein bittet, mit Schaufel und Besen die Blätter wieder wegzukehren.

Rezept für eine gute Ehe...

Heut' seid Ihr Beiden guter Dinge,
schenkt Euch die Herzen, tauscht die Ringe,
heut' hängt der Himmel voller Geigen,
Neid, Eifersucht und Zweifel schweigen!

Doch manchmal folgen raue Töne,
die laut und barsch sind, nicht sehr schöne,
der Alltag ist ja sehr gefährlich,
und ist die Liebe noch so ehrlich!

Denkt an die Hochzeit daher täglich,
das macht das Herz weich und verträglich!
So schön wie heute kann es bleiben,
man muss den Alltag nur vertreiben!

Ein gutes Wort, ein Strauß voll Rosen,
und Zärtlichkeit in hohen Dosen,
viel Fröhlichkeit, verliebte Flausen,
so hat der Alltag keine Chancen!

Und nie verkehrt an allen Tagen,
ist wohl „Ich liebe Dich!" zu sagen...

Monika Krautgartner

Meine Hand in Deiner...

Ich lege meine Hand in die Deine,
vertrauensvoll, unsagbar zart,
sie ist ab heute auch die meine,
auf Deine wunderbare Art,
hast Du gereicht mir Hand und Leben,
Du hast Dich ganz mir zugewandt,
ich will dafür mein Herz Dir geben,
mein ganzes Herz und MEINE Hand!

Monika Krautgartner

Spalier stehen

Wenn das Brautpaar die Kirche verlässt, stößt es oft auf ein „Hindernis". Freunde, Verwandte, oder Arbeitskollegen reihen sich manchmal zu einer wunderschönen „Spaliergasse" links und rechts vom Weg auf. Das Spalierstehen symbolisiert den ersten gemeinsamen Weg durch ein Hindernis, zugleich aber zeigt der enge Tunnel „Wir sind für Euch da, wir begleiten Euch auf Eurem Weg".

Manche Spaliertunnel können erst beschritten werden, wenn das Paar ein Band, das an seinem Anfang aufgespannt ist, durchschneidet: Die erste gemeinsame Bewältigung eines Hindernisses!

Hunde, Degen, Feuerwehrhelme ...

Das Spalier stehen drückt aber auch Freundschaft, Beistand und Zugehörigkeit aus. Daher lässt sich schon vom Hinsehen oft herausfinden, welcher Ecke die Spaliersteher zuordenbar sind, bzw. was das Brautpaar mit seinen Freunden verbindet. Es gibt sehr lustige Spaliergruppen und längst nicht mehr nur den „strengen Klassiker". Der Bräutigam oder die Braut ist Mitglied bei der Feuerwehr? Dann sehen wir womöglich Schläuche und Helmträger in Reih und Glied. Mitglied beim Hundesportverein? Und schon wuselt es im Spaliertunnel von Schäferhunden, Pudeln und Dalmatinern. Man sieht Säbel, die über den Köpfen zu einem Dach zusammengehalten werden, durch die das junge Paar gebückt gehen muss, und man sieht Nordic walking-Stöcke von der Turnerriege.

Des einen Freud, des anderen...

Mag ein Brauch auch noch so gut gemeint sein, manchmal erzielt man dennoch nicht den gewünschten Effekt und sollte sich daher gut überlegen, welche Auswirkungen bestimmte Handlungen haben können. Es wurde uns von einem langen Spaliertunnel berichtet, den die Biker-Freunde des Brautpaares mit ihren Motorrädern bildeten. Als das Brautpaar die Kirche verließ, heulten die Maschinen auf und wirbelten so viel Auspuffgas auf, dass das Brautpaar für ein paar Augenblicke gar nicht mehr zu sehen war in dieser Wolke. Wenn das Paar den Freunden auch dankte, war die Braut doch ein bisschen verschnupft, weil daraufhin das Brautkleid und ihr schönes Haar den restlichen Tag ein bisschen nach Benzin rochen.

Reis, Getreide, Seifenblasen

Manchmal wird auch Reis über das Brautpaar im Spalierbogen geworfen. Wenn Österreich auch kein Reisanbauland ist, ist das Reiswerfen trotzdem zwar längst eingebürgerter Brauch, sollte aber bezüglich der Bedenken was kleine Tiere betrifft, gut überlegt sein. Vögel picken die liegengebliebenen Reiskörner oft auf und verenden am im Körper aufquellenden, für sie unverdaulichen Reis. Getreide erfüllt denselben Zweck – es geht symbolisch um die Fruchtbarkeit beim Reisstreuen – und schadet den kleinen Tieren nicht. Vielfach wird auch schon auf Seifenblasen zurückgegriffen. Die kleinen schillernden luftigen Gebilde sehen spektakulär aus und tragen die guten Wünsche an das Paar direkt in den Himmel hinauf. Eine vielversprechende Vorstellung!

AGAPE –
der kleine Empfang

Geschafft! Alles gut gegangen! Glücklich und auf Wolken schwebend verlässt das frisch getraute Paar die Kirche. Es gibt wohl auch keinen Hochzeitsgast, den dieser schöne Augenblick unbewegt erlebt. Die Frischvermählten werden bejubelt, sie müssen dem Reisregen standhalten, und alle möchten diesen kostbaren Augenblick eine Weile genießen . Das geht meist recht ungezwungen über die Bühne, denn auf vielen Hochzeiten serviert man an diesem Punkt des Hochzeitverlaufes eine kleine Stärkung, die sogenannte Agape. Man kann sie als kleinen Empfang für große Gästescharen bezeichnen. Oder die große Geste für feine Gäste.

Appetitliche Brötchen, der erste Schluck Wein, ein prickelndes Glas Sekt und das erste Austauschen mit den Gratulanten und Gästen.

Die Agape ...

ist eine wunderbare Gelegenheit, einen Moment zu verweilen, sich zu stärken und im Hochzeitstag-Trubel ein paar Minuten durchzuatmen. Dabei ist die Agape eine wunderbare Gelegenheit, mit den Gästen in Kontakt zu kommen, erste Gespräche zu führen und besonders jene Gäste zu diesem kleinen Empfang zu bitten, die bei der Abendunterhaltung nicht mehr eingeladen sind. Sie nutzen die Agape bereits zum Überreichen der Geschenke, zum Gratulieren und natürlich Bewundern der Braut. Für die Agape gilt: Auch wer nicht eingeladen ist, nur zum „Braut schauen" gekommen ist, darf dabei sein und ist automatisch eingeladen ein Schlückchen mit zu trinken.
Das Wort „Agape" steht im Griechischen für das Wort „Liebe", aus dem alten Testament ist es für die Bedeutung „schenkende Liebe" bekannt und war schon im ersten Jahrhundert als Liebesmahlfeier ein Begriff. Zeitgenössisch bezeichnet Agape aber eigentlich das letzte Abendmahl (Liebesmahl), das Jesus am Vorabend seines Kreuzestodes mit den Jüngern feierte und dessen wiederholten Vollzug zu seinem Gedenken er der Nachwelt aufgetragen hat. In katholischen und evangelischen Pfarrgemeinden ist Agape deshalb die Bezeichnung eines gemeinsamen Mahles in einem Gottesdienst. Hält man es ganz traditionell, darf daher nur Brot und Salz sowie Wein gereicht werden. Viele Kärntner Paare zum Beispiel legen auf diese kulinarischen Basics großen Wert und auch in Oberösterreich sind diese drei Zutaten unverzichtbare Gaumen-Hauptdarsteller.

DINKEL-HERZ-WECKERL

mit Kräutern oder Blüten – ein Rezept von Biobäuerin Anni Pevny aus Niederneukirchen

Zutaten:
50 dag Dinkelvollkornmehl
50 dag Weizenmehl T 700
(oder Dinkelmehl T 700)
1 El.
Salz
4 El. Erstpressöl
1 El. Honig
1 El. Flohsamen
je ein Tl. Kümmel, Fenchel (geschrottet)
6 dag Germ
ca. 1/8 lit. Wasser (kalt)
0,5 lit. Buttermilch
Ei zum Bestreichen
Sesam, Mohn zum Bestreuen
Frische Kräuter wie etwa:
Ysop, Petersilie, Estragon, Salbei, Selleriegrün, Kerbl, Thymian – oder frische Blüten wie etwa: Gänseblümchen, Himmelschlüssel, Hänsel und Gretel, Veilchen, Holunder, Rosenblüten, Rotklee, Flieder, Kornblumen usw. – je nach Jahreszeit !

Zubereitung:
Flohsamen mit Wasser einweichen – ca. 1 Std. Quellen lassen, aus allen Zutaten einen Germteig zubereiten und gehen lassen. Nochmals gut durchkneten und eine Rolle formen. Gleichmäßige Stücke abschneiden, Kräuter grob geschnitten oder Blüten einkneten verschiedene Weckerl formen, oder für die Herzform rund schleifen und mit scharfer Teigkarte an einer Seite bis zur Hälfte durchschneiden und auf der gegenüberliegenden Seite den Teig zusammenzwicken – zur Herzform. Oberfläche mit Ei oder Milch bepinseln und beliebig bestäuen. Weckerl auf ein Blech mit Backpapier legen, nochmals kurz aufgehen lassen. Rohr auf ca. 220° C vorheizen und Weckerl ca. 20 Min. backen. Entweder Wasser einstellen oder auf Blech etwas Wasser aufsprühen.

HOCHZEITSSUPPE

von Rosi Spießberger aus Mettmach in O Ö

Zutaten Klare Rindssuppe:
2 l Wasser
400 g Rindfleisch – Brust oder Schermrippen
400 g Rindsknochen und Markknochen
200 g Zwiebeln
100 g Karotten
100 g Sellerie
100 g Lauch
Petersilie
Maggikraut
Salz, Pfefferkörner, Wacholder, Lorbeerblatt

Zubereitung Rindssuppe:
Knochen mit Rindfleisch und Wasser aufkochen Wurzelwerk und Zwiebel schälen und zur Suppe beigeben. Dann langsam nicht zu stark ca. 2-3 Stunden alle Zutaten zusammen kochen, Trübstoffe immer wieder abschöpfen, Suppe durch feines Sieb abseihen. Von Karotten kleine Scheiben schneiden und zur Suppe geben

---

Zutaten Kaspressknödel:
200 g Knödelbrot
200 ml Milch
2 Eier
30 g Butter
50 g Zwiebeln
200 g Käse Pinzgauer oder Bergkäse
50 g Kartoffeln gekocht
Petersilie, Muskatnuss, Pfeffer

Zubereitung Kaspressknödel:
Zwiebel fein würfelig schneiden anrösten über Knödelbrot geben Milch aufkochen über Knödelbrot gießen, 5 min ziehen lassen, Käse klein würfelig schneiden, zur Knödelmasse geben. Gekochte gepresste Kartoffel auch dazugeben, würzen und Teig schön vermischen. Kleine ovale Laibchen formen und beidseitig in der Pfanne braten.

Zutaten Fritatten:
2 Eier
50 g Mehl
80 ml Milch
Salz, Petersilie
Öl zum braten

Zubereitung Fritatten:
Alle Zutaten zusammen verrühren
Dann kleine Hauchdüne Palatschinken backen
Erkaltete Palatschinken einrollen und fein schneiden Geeignete

---

Zutaten Milzschnitte:
120 g Milz feingeschabt
1 Ei
2 Weißbrotscheiben
Salz, Pfeffer, Knoblauch ,Mayoran

Zubereitung Milzschnitte:
Geschabte Milz mit Ei vermischen, würzen, auf Weißbrot streichen, im Backrohr bei 170°, 15 Min backen und erkalten lassen. Kleine Rauten schneiden.

Dekoration
Schnittlauch

Alle 3 Suppeneinlagen mit Karottenscheiben in einem Suppenteller mit Rindsuppe anrichten Schnittlauch garnieren.

Festessen am Festtag

Vom Suppe salzen und Trinkgeld geben

Das Hochzeitsessen war schon immer eine Visitenkarte eines Brautpaares. Wie es zelebriert wird und was es dabei zu essen gibt, ist genau so wichtig, wie die Mythen, die sich um einzelne Traditionen ranken.

Die kirchliche Trauung ist vorüber, das „Ja" ist gesprochen und die Hochzeitsgesellschaft fährt entweder mit dem Auto samt lautem Gehupe oder marschiert im Festzug in Richtung des Gasthauses. Dort angekommen kann es dann schon sein, dass die Vereinskollegen vom Bräutigam oder die besten Freundinnen der Braut schon im Spalier Aufstellung genommen haben und das frisch gebackene Ehepaar mit einem Glas Sekt empfangen. In vielen Regionen Österreichs – speziell in Tirol – steht aber unter dem Wirtshaus-Tor bereits der Wirt. In der Hand: Brot und Salz. Zum einen als Geste des Respekts, zum anderen als sinnhaftes Bild für das zukünftige Leben des Paares in dem es niemals an dem täglichen Brot sowie dem Salz des Lebens fehlen soll. Ein wunderbarer Brauch in Österreich, vor allem auch heute noch in Kärnten, ist der Besuch der Braut in der Wirtshaus-Küche. Noch bevor die Hochzeitsgäste die Suppe gereicht bekommen, ist es nämlich die alleinige Aufgabe der Ehefrau, die Suppe höchstpersönlich zu salzen. Die Geste steht ähnlich wie beim Empfang des Wirtes für das Salz des Lebens, andererseits für die hauswirtschaftliche Eignung als künftige Hausfrau.

Trinkgeld als Segensbringer

Eine schöne alte Tradition ist es vielerorts, dass das Brautpaar schon vor Beginn des Hochzeitsmahls dem Gasthaus-Personal Trinkgeld zu geben. Was in Tirol auch heute noch vielerorts bei traditionellen Hochzeiten üblich ist und dem Personal ein Dank für die Mühen und für das Brautpaar selbst ein Segensbringer sein soll. Wunderbar lustig ist auch der in Tirol und Teilen Salzburgs bekannte Brauch des Brautfangens. Dabei wird das Brautpaar vom Weg von der Kirche ins Gasthaus noch einmal aufgehalten, um bei einer gemeinsamen Aufgabe den Zusammenhalt zeigen zu können.

Gottes Segen

Wer kirchlich heiratet, dem ist der Bezug zum lieben Gott wichtig. Und wer auf diesen schönen Wert Wert legt, der weiß auch, dass man selbstverständlich den Priester zum Mahl einlädt. Und dieser wiederum, weiß um die Wichtigkeit von Gottes Segen, womit es eine Selbstverständlichkeit ist, dass vor dem ersten Löffel Hochzeitssuppe ein Gebet gesprochen wird.

Tischgeschenke

Tischgeschenk für Gäste – ein schöner Brauch

„Daungsche", „Dankschön", „Dank dir" oder „Dank da recht sakrisch" – das Wörtchen „Danke" klingt überall ein bisschen anders. Auch bei einer Hochzeit ist es ein wichtiger Begleiter, ein Honorieren, ein Wertschätzen, der passende Abschluss für etwas Schönes.

Wer Danke sagt, der weiß, was sich gehört! Gerade bei einer Hochzeit bedanken sich Gäste für die Einladung, Brauteltern für das Kommen, Kinder für die Spende beim Absperren, Musiker für den Applaus und ja natürlich: frisch gebackene Ehepaare für die Geschenke und die Aufmerksamkeiten, für das Kommen und Mitfeiern und für den wunderschönen Tag.

Was liegt denn da Nettes neben meinem Teller?

Ein kleines Tischgeschenk findet man als geschmackvollen Dankesgruß schon bei vielen Hochzeiten. Egal ob kleine Marmelade-Gläschen, Liebes-Honig, Kokosbusserln, kleine Küchlein oder ein anderes originelles Tischgeschenk – wer heute etwas auf sich und seine Hochzeitsfeier hält, der beschenkt auch seine Gäste in kleiner und feiner Weise. Praktisch veranlagte Brautpaare legen gern kulinarische Tischgeschenke, deren Beschriftung sogar gelegentlich als Tischkarte dient, auf. Doch auch hier, wie in so vielen Bereichen der geschmackvollen Dekoration, sind der Phantasie keine Grenzen und dem Gestaltungswillen keine Grenzen gesezt. Es gibt glasierte Salzteigfiguren, lackierte Blechtaferl, geschnitzte Kleinfiguren, bemalte Steine oder genähte Lavendelkissen. Das kleine Tischgeschenk ist dekorativ, nett anzusehen und eine charmante Geste. Auch für später, denn nicht selten wird es zur Erinnerung mitgenommen, und dafür ist es auch meist gedacht. So erfreuen sich die Gäste gerne beim Genuss des leckeren Hochzeits-Souvenirs auch am Tag danach noch an der tollen Feier.

BAISERSCHWÄNE AUS OBERÖSTERREICH

von Veronika Karlhuber aus Steinhaus bei Wels

Zutaten:

3 Eiklar
21 dag Kristallzucker
rote oder oranger Lebensmittelfarbe

Zubereitung:

Drei Eiklar zu Schnee schlagen, 9 dag Kristallzucker dazuschlagen, 12 dag Kristallzucker unterrühren (nicht schlagen) und die Masse in einen Spritzsack mit großer Tülle füllen und ein „S" bzw ein umgedrehtes „S" auf ein mit Backpapier belegtes Backblech schreiben und den unteren Bauch mit Masse füllen, so dass ein Schwanenkörper entsteht. Sobald die Bleche voll sind, die verbliebene Masse mit roter oder oranger Lebensmittelfarbe vermengen und als Schnabel an die obere Spitze des „S" spritzen. Dann rund acht bis neun Stunden im Backrohr bei 60-70 Grad Heißluft trocknen. Erst wenn die Schwäne erkaltet sind, mit etwas flüssiger Schokolade ein Auge auf den Schwan zeichnen.

Wer führt die Klinge?

Heute, in modernen Tagen,
wo auch die Frauen Hosen tragen,
macht es Sinn danach zu trachten,
und auch sehr darauf zu achten,
von wem beim Tortenstück zerteilen
die Händ' auf der des Partners weilen.
Denn wer die Oberhand verliert,
dem wird auch später garantiert,
dass in der Ehe er alsdann
das Beinkleid nicht mehr tragen kann.

Irene Gruber, Eberschwang

Hochzeitstorte

Das Anschneiden der Hochzeitstorte und seine Tücken

Eine Hochzeitstorte gehört zu einer Hochzeit wie das Amen im Gebet. Mächtig und wie ein kleiner Superstar thront sie meist schon von Beginn der Feierlichkeiten an im Saal. Und das rituelle Anschneiden ist der süße Höhepunkt des schönsten Tages.
Mit Zucker, mit Schokolade, mit Marzipan oder Fondant, eine Hochzeitstorte spiegelt den Gusto des Brautpaares sowie deren Stil wider. Man findet die Farben der Hochzeit darauf, vielleicht die Blumen des Festes oder einen schönen Spruch. Ist es dann so weit, liegt das Messer zum Anschnitt neben dem Kuchen-Gebilde schon bereit. Unter aller Augen treten die Braut und der Bräutigam an die Torte heran und nehmen gemeinsam das Messer. Und wehe, es wird ihnen gereicht: denn der Aberglaube meint, dass jener, der dem Paar das Messer gibt, Schreckliches erfahren wird.

Wer hat die Hand oben?

Nun nehmen also Braut und Bräutigam das Messer und die gut vorbereitete Braut weiß, dass sie nun schnell sein muss. Denn wer von beiden beim Herunterschneiden des ersten Stückes die Hand oben hat, der soll auch in der Ehe „die Obrigkeit" und damit der Entscheidungsträger sein. Wer glaubt, nun alle Hürden beim Anschneiden der Hochzeitstorte gemeistert zu haben und endlich in die süße Sünde beißen zu dürfen, irrt. Noch kann einiges schief gehen, und wahre Brauchtumsexperten wissen das. Niemals soll von ganz oben und niemals von ganz unten ein Stück geschnitten werden, sagt man. Auch das sollte Unglück verheißen. Doch irgendwann ist auch das Anschneide-Procedere bewältigt und es darf erforscht werden, ob sich der Geschmack mit dem Design messen kann. Das erste Tortenstück wird traditionell vom Paar gemeinsam verspeist. Am schönsten ist es, wenn sich beide damit vor aller Augen füttern. Ein Zeichen, dass sie von nun an alles teilen werden und immer an den anderen denken werden. Ist das erste Stück verspeist, tritt das Paar zur Seite und alle anderen Gäste können sich ihr persönliches Stück holen. Denn auch das Essen einer Hochzeitstorte soll dem Gast Glück bringen. Gerade ältere Festbesucher, die vielleicht vom Hauptgang noch fast platzen könnten, nehmen sich deshalb immer gern ein „Stückchen Hochzeit" mit nach Hause.

Sweet Table

Weil Hochzeitstorten meist sehr teuer sind, und man meist nicht nur eine Kuchen-Sorte haben möchte, entscheiden sich viele Paare für einen süßen Nachspeisentisch, einen so genannten Sweet Table. Darauf finden sich dann kleinere Torten und die immer beliebter werdenden Cup Cakes, die modernen Cake Pops (also Kuchen am Stil) und auch für die kleinen Besucher allerhand Drops, Bärchen, Kekse und vieles mehr. Ein Anblick, der das Herz von Naschkatzen höher schlagen lässt, ein kleines Schlaraffenland beim Hochzeitsfest. Gerne wird dieser süße Hochzeitstisch dann in der Hochzeitsfarbe präsentiert. Der Brauch kommt aus Amerika zu uns und ist im Grunde nichts anderes als die etwas aufgepeppte Form des Kuchenbuffetts, bei dem Nachbarinnen, Freundinnen und Tanten der Braut Süßspeisen beisteuern und so für bunte, beeindruckende Vielfalt sorgen.

Ansprachen …

Die Kraft des feierlichen Wortes

Von den Eltern des Ehepaares gefürchtet, von den Gästen geliebt! Auf diese kleine Formel lassen sich die Ansprachen bei Hochzeiten reduzieren. Nicht immer natürlich, manche Menschen sind Rhetoriktalente und lieben es, eine Rede zu schwingen. Die meisten allerdings begegnen dieser Aufgabe mit Scheu und wären froh, wenn jemand anderer die Rede, die feierliche Ansprache, bei der Hochzeit von der Tochter oder vom Sohn halten würde. Wir möchten Sie, trotz aller Vorbehalte oder der eventuellen Hemmschwelle, die meist mit Versagensängsten zu tun hat, ermutigen, eine Rede vorzubereiten und zu halten. Keine Angst, Sie werden sich nicht blamieren! Es gibt keine besser geeignete Gelegenheit, als in der Aufmerksamkeit aller anwesenden Gäste die zukünftige Schwiegertochter, den zukünftigen Schwiegersohn hervorzuheben und der Freude über den Familienzuwachs Ausdruck zu verleihen.

Wer hält eine Rede bei der Hochzeit?

Prinzipiell „darf" jeder eine Rede halten, der etwas zu sagen hat und der die Hochzeitsfeier mit einer Rede bereichert. In Amerika und vielen anderen Ländern dürfen „nacheinander" Familienmitglieder und Freunde das Wort ergreifen, manchmal auch ganz spontan. Das kann sehr nett werden, wir raten aber trotzdem davon ab, weil diese „Methode" auch die Gefahr in sich birgt, dass zu lange oder zu banale Aussagen treffend geredet wird. Auch peinliche Anekdoten und Schwänke aus Jugendtagen sind eher was für den Junggesellenabschied als für die Hochzeitsrede und nach einem Gläschen Wein wäre man womöglich bei einem „Spontanredner" nicht davor gefeit.
Es ist nicht verkehrt, wenn die Ansprache ein Vorrecht der Eltern des Brautpaares bleibt.

Mutter, Vater oder Trauzeugen? – Was „gehört" sich?

Es ist eine große Sache, eine Festansprache zu halten, und wird meist von langer Hand geprobt. Ob die Mutter oder der Vater spricht, unterliegt keinem „Muss", bitte halten Sie es mit der Ansprache so, wie Sie es als Elternpaar untereinander vereinbaren. Es wird eine oder einer der beiden das lieber machen, und das ist dann auch in Ordnung. Ebenso, wenn es ein sehr lieber, enger Verwandter macht, wie etwa der Großvater, oder die Großmutter.

Was soll man sagen? Und vor allem: was nicht?

Ganz egal, ob die Rede kurz oder lang wird, manche Themen sind Tretmienen und sollten vermieden

werden. Überlegen Sie es sich dreimal, ob Sie „endlos lange Lebensläufe samt Schulnoten" präsentieren und vielleicht auch noch frühere Liebesbeziehungen erwähnen. Zudem sollte jede peinliche Anspielung vermieden werden, mag sie noch so „scherzhaft" gemeint sein. Im Beruf und bei vielen Anlässen ist ein Scherzchen in Ehren auflockernd und möglicherweise passend, bei der Hochzeitsansprache eher nicht. Sie legen für Ihre gesamte Familie Ehre ein, wenn Sie eine geschmackvolle, wohl durchdachte Ansprache halten!

Zu nervös für die freie Rede?

Manche Hochzeitsrede scheitert schon im Vorfeld, weil der gedachte Redner oder die gedachte Rednerin sich aus Angst vor dem „Hängenbleiben im Text" und der darauf folgenden Blamage verweigert. Wo steht denn geschrieben, dass man ohne Manuskript sprechen muss? Nirgends! Es wird bestimmt jede oder jeder „seine" Rede gut vorbereiten und ein paarmal üben im Vorfeld. Es ist kein Fauxpas, wenn Sie trotzdem die Rede in gedruckter Form in Händen halten und selbst große Passagen vom Blatt abzulesen ist in Ordnung. Es geht hier nicht um die Freisprecholympiade in der Schule, sondern um festliche Worte als Rahmen für die Feier. Machen Sie sich nicht selbst nervös durch die Vorstellung, ohne Zettel dort stehen zu müssen. Das müssen Sie nämlich ganz und gar nicht.

Welche Rede passt?

Natürlich sollte die Rede zur Feier, zum Brautpaar, zu den Gästen und letztendlich auch zur Rednerin und zum Redner passen. Bleiben Sie in Ihrer natürlichen Rolle und zitieren Sie nicht etwa die siebenundvierzig Schutzgeister der altägyptischen Mythologie, weil Sie glauben, die Gäste erwarten etwas ganz Außergewöhnliches. Herzlichkeit und Ehrlichkeit sind in der Regel die beste Tinte für Ihre Niederschrift, sprechen sie über die Dinge, die Sie im Zusammenhang mit der Verheiratung Ihrer Tochter oder Ihres Sohnes bewegen! Begrüßen Sie öffentlich vor allen Gästen ihr neues Familienmitglied mit Respekt und Liebe, und denken Sie daran, wie wunderbar es ist, dass Ihr Kind eine Partnerin oder einen Partner gefunden hat, der am Hochzeitstag den gemeinsamen Weg mit ihr oder ihm startet. Danken Sie der Familie Ihres neuen Familienmitgliedes dafür, dass auch sie ihrerseits die Schwiegertochter, bzw. den Schwiegersohn nun freudig aufnehmen wird.

Eine gute Rede besticht durch die Authentizität des Redners, der Rednerin, und nicht wegen hervorragender Fremdwörterkenntnisse. Was Sie aussprechen, wird gehört werden. Aber was Sie sagen, wird „erfühlt". Sie werden die Herzen der Gäste erreichen, und Sie erweisen dem Brautpaar eine große Ehre. Das sollten Sie bedenken, und darum ist eine Rede so wichtig.

Oh, die Geschenke!

Wer zur Hochzeit schenkt, der besinnt sich auf traditionelle Geschenke, Geschenksideen vom Hochzeitstisch, Praktisches, Originelles oder schlicht das Kuvert mit Scheinen. Hauptsache ist, dass geschenkt wird. Denn nur wer schenkt, nimmt von einer Hochzeit auch das Glück mit nach Hause.

Wir kennen ihn alle: den traditionellen Hochzeitstisch.

Im gut geführten Haushaltswaren-Handel, großen Möbelhäusern oder einem anderen Shop sucht sich das Paar dort schon Wochen vor dem großen Tag brauchbare Dinge für den Haushalt, den Garten oder eine Reise aus. Freunde, Verwandte und geladene Gäste sehen dann auf diesem bunt gefüllten Gabentisch, die Wünsche des Brautpaares und können je nach Geldbörse und Belieben ein Geschenk aussuchen. Gerne schenken Gäste aber auch einfach nur Geld in einem Kuvert, für das immer mehr Eheleute schon extra eine schöne, edle Box vorbereiten, in die man dann das Geldkuvert reinwerfen kann. Auch lustige Geldgeschenke werden immer wieder überreicht. So ist es keine Seltenheit Blumensträuße mit Scheinen, Sandbehälter mit Münzen, Karten mit gefaltetem Papiergeld und viele originelle Ideen mehr umsetzt.

Das Geschenk verdienen

Oftmals ist es ein herrliches Auflockern des Abends, wenn Vereine, Freundeskreise oder Familienclans dem Brautpaar erst ein paar Aufgaben stellen, um sich dann das Geschenk zu verdienen. So berichtete man uns von Bräuten, die erst drei Männer-Unterhosen sammeln mussten, um Flugmeilen-Gutscheine erhalten zu können, von frisch gebackenen Ehemännern, die mit der Hand Schnee schlagen mussten, um Küchengeräte zu erspielen oder der Schwiegermutter, die mit allen ledigen Männern des Abends einen Walzer tanzen musste, um ein Wochenende für das Brautpaar auf einer romantischen Berghütte zu ertanzen. Auch das wandernde Geschenkpackerl, das immer wieder bei Hochzeiten für Riesen-Gaudi sorgt ist eine beliebte Einlage zur Geschenkübergabe.

Wer hat die Hosen an?
Wer braucht länger im Bad? Wer putzt besser?

Es gibt getragene Hochzeitsfeste, sehr beschauliche Vermählungen, und es gibt Hochzeiten, bei denen es ordentlich zur Sache geht. Fröhlichkeit und Humor sind typische Charaktereigenschaften in Österreich, so ist es nicht verwunderlich, dass auch Hochzeiten von umtriebigen Gästen mit Partyeinlagen bereichert werden. Bei den traditionellen Hochzeitsspielen müssen sich Braut und Bräutigam gemeinsam bewährung, und sie müssen Seite an Seite zeigen, dass sie für einen gemeinsamen Weg durchs Leben gerüstet sind! Viele nette Aufgaben warten auf die beiden, und ihre Lösung ist für die Gäste und das Paar sehr lustig und meist unvergesslich.

Es ist der Moment auf den am Abend der Hochzeitsfeierlichkeiten alle warten: Vereinsmitglieder, Freunde oder Clubkollegen haben sich eine nette Gemeinheit für die frisch gebackenen Eheleute ausgedacht. Dabei geht es meist darum, das Paar auf seine Team-Work-Qualitäten zu testen oder zu sehen ob sie sich wirklich blind verstehen. Beliebtestes Spiel ist ganz klar jenes, wo die Braut und der Bräutigam jeweils einen Schuh von sich und einen Schuh des anderen in den Händen halten müssen. Auf Fragen wie „Wer braucht länger im Bad?“ oder „Wer hat die Hosen an?“ müssen sie schließlich – Rücken an Rücken sitzend – den richtigen Schuh in die Höhe strecken. Nur bei Übereinstimmungen der lustigen Fragen, gibt es Punkte, Flugmeilen, Einkaufsgulden oder andere Belohnungen. Ist der Bräutigam ein Maurer ist es nicht selten, dass die Braut etwas mauern muss. Ist die Braut eine Frisörin, kann es schon sein, dass der Bräutigam einem Gast die Haare schneiden muss. Der Fantasie der Gäste und Freunde sind keine Grenzen gesetzt. Grundsätzlich gilt: was Spaß macht und das Paar Augen zwinkernd in ein sympathisches Licht stellt, ist erwünscht und erlaubt. Alles was blamiert oder peinlich ist, sollte weggelassen werden. Schließlich soll es ja – und das ist auch für die Gäste der wichtigste Auftrag – der schönste, allerschönste, allerallerschönste Tag im Leben werden.

Ein Geschenk reist durch den Saal

Die Grenze zwischen Brauchtum und Unterhaltungselementen bei Hochzeiten ist manchmal fließend. Ein überaus beliebtes und weit verbreitetes Hochzeitsspiel, an dem sich alle Gäste, ob groß, ob klein, beteiligen können, ist das Paketweitergabespiel, bei dem sich die Gäste auf heitere Weise ein bisschen beschnuppern und kennenlernen können.
Man richtet im Vorfeld ein kleines Päckchen, in dem sich ein nettes Geschenk für das Hochzeitspaar befindet. Die Sprecherin oder der Sprecher wird um Unterstützung bei der Überreichung der kleinen Aufmerksamkeit bitten, und vielleicht erwähnen, dass dieses Geschenk mit der Auflage eingetroffen ist, es nach einem vorgeschriebenen Procedere zu überreichen, was hiermit erledigt wird.
Es ist eine sehr nette Art, die Gäste einzubinden, und es ermöglicht vielen, sich kennenzulernen, was bei einem so schönen gemeinsamen Fest ein Gewinn für alle ist.
Woher dieses weitverbreitete, oft „gespielte" und in verschiedenen Variationen bekannte Gedicht stammt, konnten wir leider trotz großem Bemühen nicht eruieren und ordnen es daher dem allgemeinen Brauchtumsgut zu. Wir hätten den Verfasser oder die Verfasserin gerne genannt und ihm oder ihr zu diesem „Hochzeitspiele-Dauerbrenner" gratuliert.

Gedicht zur Geschenkübergabe

Das Päckchen

„Liebes Brautpaar, Ihr habt es vernommen,
soeben ist ein Päckchen angekommen.
Bevor Ihr es öffnen dürft, gebe ich schlau
das Päckchen zum Öffnen der fröhlichsten Frau.
Nun ist es in Deinen Händen,
Du darfst es aber nicht wenden,
denn jetzt gehört das Päckchen noch nicht Dir,
gib es dem Herrn, der am weitesten sitzt von Dir.
Schaun Sie es an, und zeigen Sie Schneid,
und geben Sie›s der Frau mit dem schönsten Kleid.
Zwar ist Ihr Kleid sehr hübsch und fein,
doch Ihnen gehört das Päckchen nicht allein.
Geben Sie›s jetzt nicht Ihrer Base,
sondern geben Sie›s dem Herrn mit der größten Nase.
Die größte Nase haben Sie bestimmt nicht,
denn gemessen hat die Dame nicht.
Doch im Päckchen ist nichts aus dem Laden,
nun geben Sie›s der Frau mit den schönsten Waden.
Sie haben wirklich schöne Waden,
und schöne Beine haben Sie auch.
Drum geben Sie das Päckchen schnell dem Mann
mit dem größten Bauch.
Billig war Ihr Bäuchlein sicher nicht,
nun stellen Sie sich mal richtig ins Licht.
Auf, auf, jetzt geht das Päckchen weiter auf Tour,
bringen Sie›s der Frau mit der schönsten Frisur.
Um Ihre Frisur sind Sie wirklich zu beneiden,
doch sind Sie auch zu bescheiden.
Denn das Päckchen ist noch nicht am Platze,
bringen Sie›s dem Herrn mit der schönsten Glatze.
Ihre Glatze ist ja eine große Ehr,
das kommt sicher vom vielen Denken her.
Doch heute lassen wir das Denken sein
und geben es der Frau mit den schönsten Äugelein.
Schöne Augen sind immer ein Genuss,
zum Dank geben Sie dem Herrn mit der Glatze
einen Kuss.
Leider muss das Päckchen immer noch wandern,
geben Sie›s dem größten Herrn vor allen andern.
Sind Sie der Größte, oder nur der Längste?
Sie verursachen trotzdem keine Ängste,
genau so wie jene, der sie es bringen,
der Frau mit den allermeisten Ringen!
So viele Ringe an so zarten Händen,
auch Sie dürfen die Reihe nicht beenden,
Sie dürfen das Packerl zu jenem Tragen,
der schon ein Gläschen Wein hat im Magen!
Ein Gläschen in Ehren macht fröhlich und heiter,
drum tragen Sie schnell das Geheim-Packerl weiter,
der nächste, der's kriegt ist, auch wenn ihm das
nichts nutzt,
ist der Herr, dessen Schuhe am schönsten geputzt!
Es sind schöne Schuhe ein Aushängeschild,
zum Hochzeitgehn putzt halt ein jeder wie wild,
das kleine Paket mit verborgenen Gaben,
soll nun das jüngste Mädchen haben!
So jung und so hübsch, das ist nett,
die Gästegruppe ist so adrett,
gib das Paket, das so hübsch ausschaut,
der vielleicht nächsten schönen Braut!
Oh weh, oh weh, das Packerl glüht,
darum ist es jetzt nicht mehr verfrüht,
es unserem Brautpaar, das schon lacht,
zu überreichen als kostbare Fracht!
Durch viele Hände ging dieses Ding,
was ist wohl drinnen? Was ich euch da bring?
Ihr dürft es öffnen, habt Freude damit,
denn auch kleine Dinge sind manchmal ein Hit!
Das Packerl hat nun die Besitzer erreicht,
der Weg war recht mühsam und gar nicht so leicht,
es ging durch so vieler Gäste Hände,
ein „Danke" fürs Mitmachen, jetzt ist's zu Ende!

Brautwalzer

Tanzen bringt das Blut in Wallung

Wie viele große Lieben beginnen mit einem Tanz? Unzählige Romanzen und unvergessliche Nächte sind stets mit dem Dreivierteltakt des Wiener Walzers verknüpft! Der enge Körperkontakt, die rasche Drehung und der Herzschlagtakt der Melodie machen glücklich und schenken einem das Gefühl, ein paar Zentimeter über dem Boden zu schweben!

Doch meist ist der Walzer bei der Hochzeit auch mit vielen Ängsten und Vorurteilen behaftet, und er wird erfahrungsgemäß von Frauen und Männern verschieden geschätzt. Während junge Damen vom Walzer im Brautkleid sehnsuchtsvoll träumen, stellt der für viele Männer eine peinigende, Angst einflößende Großaufgabe dar.

Warum Walzer?

Der Walzer ist ein „alter Herr" und wird seit rund 200 Jahren getanzt. Er entwickelte sich aus dem Volkstanz, die Drehung und der Dreivierteltakt sind „Relikte" von damals. Heute ist der Walzer der meistgelehrte, meistgetanzte und meistgenannte Gesellschaftstanz durch alle Schichten und bei allen möglichen Anlässen. In guten Tanzschulen steht er ganzjährig auf dem Programm. Seine Bedeutung hat er wahrscheinlich von seiner Wirkung: Wer sich schon einmal verliebt zu Walzerklängen im Kreis gedreht hat, vergisst dieses beschwingte Gefühl nicht mehr!

Wer tanzt mit wem und wann?

Den Abendtanz bei Hochzeitsfesten eröffnen in der Regel Braut und Bräutigam. Es wird der erste Walzer des Abends meist groß angekündigt und nicht nur die Brauteltern sehen verzückt und gerührt das junge Paar Aufstellung nehmen. Der Brautwalzer wird meist

freudig beklatscht und ist wirklich ein schöner Anblick, auch wenn es den ein oder anderen kleinen Haspler geben sollte. Gemeinsam ins große Glück hinein tanzen, dieser Gedanke kommt nicht von ungefähr, wenn man den beiden zusieht.

Wer tanzt nach dem Brautpaar?

Die Höflichkeit und die Etikette sehen vor, dass der Bräutigam nach dem Tanz mit seiner jungen Braut die Schwiegermutter zum Tanzen auffordert, der Vater des Bräutigams hat das Vergnügen, mit der Braut tanzen zu dürfen. Dann tanzt der Bräutigam mit seiner eigenen Mutter und die Braut mit ihrem Vater. Diese „Schautänze" finden ohne andere Tanzpaare auf dem Parkett statt. Erst wenn auch diese Tanzrunde zu Ende ist, wird zum allgemeinen Tanz gebeten.

Tanzt überall zuerst der Bräutigam mit der Braut?

Wenn es auch in vielen Ländern und Regionen das Privileg des Bräutigams ist, den ersten Tanz des Abends mit der Braut tanzen zu dürfen, nicht überall ist das so. Im Salzkammergut, in einigen Salzburger Gegenden gehört der erste Tanz mit der Braut dem Hochzeitslader, und dieser weiß die Auszeichnung, die ihm der Brauch in seiner Heimatgemeinde zuspielt, auch meist zu schätzen.

Alles in Butter, Schwiegermutter?

Ein junger Mensch voll Kraft und Spleen
sagt leichtsinnig oft was dahin,
die Welt ist schwarz oder nur weiß,
und die Gefühlswelt stark und heiß!
Die Liebe ist jetzt Superthema,
und niemals gibt´s ein Einheitsschema,
von Eifersucht bis Liebeskummer
spielt jede Liebe jede Nummer!
Mal herzlichst lieben, mal auch streiten,
so war und ist´s zu allen Zeiten!
Und läuft es einmal nicht so rund,
tut dann die Schwiegermutter kund,
was ihr missfällt, anstatt zu loben,
ist schnell man auf der Palme oben!

Doch älter werden macht uns milder,
und viele Schwiegermutter-Bilder
verändern sich, man lernt sich mögen,
oft ist sie auch ein wahrer Segen!
Ein bisschen mehr danach zu trachten
die Schwiegermutter hoch zu achten
zeigt Reife, Menschlichkeit, Respekt,
auch so wird Liebe neu entdeckt!

Monika Krautgartner

Der sagenumwobene Schleiertanz

Und wieder so ein Brauch für alle ledigen Frauen beim Hochzeitsfest: das Schleierabtanzen. Zwei Varianten dieses traditionellen Tanzes gibt es. Zum einen den Schleiertanz, bei dem die Braut den Schleier abnimmt und während des gemeinsamen Tanzes mit allen Singlefrauen versucht, ihn einer der Damen anzulegen. Gelingt es, wird sie die nächste glückliche Braut. Die andere Version ist jene, bei der sich alle männlichen Gäste rund um die Braut aufstellen, im Innenkreis sammeln sich alle Damen. Während die Musik erklingt müssen die Damen versuchen, das größte Stück des Schleiers für sich der Braut zu entreißen. Wie oben gilt: größtes Stück, größtes Glück. Der Besitzerin läuten als nächstes die Hochzeitsglocken.

Brautstehlen

Oh nein, die Braut ist weg!

Nicht überall ist er heiß geliebt, doch fast überall ist er fest gelebt: der Brauch des Brautstehlens!

Die Tradition, eine Braut zu stehlen, ist eine Österreich übergreifende. Der Ursprung dafür lässt sich bereits im Mittelalter festlegen, als es üblich war, der Obrigkeit das Recht auf die erste Nacht mit der Braut zu gewähren. Eine These besagt, dass die Diener der Obrigkeit die Braut entführten und dem Herren brachten, eine andere Überlieferung besagt, dass eine vor Mitternacht gestohlene und bis nach Mitternacht nicht mehr wieder gebrachte Braut von dieser Regel, sich dem Regenten hinzugeben, ausgenommen sei. Wie es auch immer war: Bis heute hat sich die Tradition erhalten, dass Freunde, Nachbarn und Arbeits-

kollegen die Braut oder, in emanzipierten Zeiten wie diesen, auch den Bräutigam, zu stehlen. Im oberösterreichischen und dem steirischen Salzkammergut sieht diese wilde Diebestour manchmal ganz schön heftig aus. Da kann es durchaus vorkommen, dass man kilometerweit fahren muss, um sein frisch angetrautes Gegenüber wieder zu finden. Ganz anders ist es in Wien und den anderen großen Städten Österreichs. Hier wird oft schon auf Wunsch des Paares auf das Stehlen verzichtet, um die feiernde, gut gelaunte Hochzeitsgesellschaft nicht zu zerreißen.

Das Stehlen als Pflicht

Nicht auszudenken wäre das in bäuerlich dominierten Gegenden, wo ein Stehlen der Braut, des Bräutigams oder auch nur des Straußes eine Pflicht für ehrsame Brauchtumsliebhaber ist. Und das Prozedere läuft wie folgt: Erst wird die Braut oder der Bräutigam zum Tanz aufgefordert. Nach ein paar Tänzen oder

nur Takten wird das ehrenvolle Diebesgut schließlich gepackt und in einen Nebenraum des Gasthauses, eine nahe gelegene Lokalität oder eine in Reichweite befindliche Bar entführt. Das Entführungsopfer hat sich dabei selbstverständlich zu ergeben und keinen Widerstand zu leisten. Schließlich ist es eine Ehre, überhaupt entführt zu werden. Ist man schließlich im neuen Lokal angekommen, wird getanzt, Gstanzl gesungen und getrunken. Alle konsumierten Getränke sind in diesem Fall von der Zubraut oder dem Zubräutigam beim Abholen zu zahlen.
Während dort munter weiter getrunken wird, ist das Fehlen des Bräutigams/der Braut sicher schon bemerkt worden. Doch so schnell darf da nicht reagiert werden. Es gehört zum guten Ton, dem Gestohlenen eine Weile des ausgelassenen Feierns zu gönnen. Schließlich bricht dann die Braut auf, um ihren Bräutigam zu holen, oder umgekehrt.

Bläser geben das Geleit

Dabei ist es eine oberösterreichische Pflicht, dass entweder ein Quetschenspieler oder die Hochzeitsbläser das Geleit geben. Am Diebesort schließlich gilt es, die Braut, den Bräutigam vom jeweils anderen auslösen zu lassen. Die Aufgaben reichen von lustigen Spielen, dem Aufzählen zehn guter Gründe, warum man mit dem Partner verheiratet sein will, bis hin zum Scheitl-Knien des Bräutigams oder Singen eines Liedes durch die Braut. Die Ideen sind vielfältig und meist mit dem erhöhten Konsum des einen oder anderen Glases Wein verbunden. Ist die Aufgabe erledigt, wird meist noch eine Runde bezahlt, bei der das Brautpaar durch die Diebe mehrfach ehrend angesungen wird. Und sind die letzten Gläser gelehrt, kehrt die Diebesschar wieder in den Hochzeitssaal zurück, stets angeführt von den Musikern. Mit lautem Klatschen wird das Ehepaar schließlich wieder in der Mitte des Geschehens empfangen und muss schnurstracks auf die Tanzfläche, wo mit allen Dieben getanzt wird, ehe schon die nächsten Diebe warten…
Aber Vorsicht: wer zu oft stiehlt, gefährdert die gute Stimmung einer Hochzeitsfeierlichkeit. Und das Stehlen nach Mitternacht ist sowieso strengstens verboten. So ist der Brauch.

Brautschuh versteigern

... zum Ersten zum Zweiten und zum Dritten.

Ein Klassiker unter den Bräuchen am Hochzeitstag ist das Versteigern des Hochzeitsschuhs. Kaufkräftige Hochzeitsgäste sind dabei von Vorteil und peppen damit oft noch einmal die Flitterwochenkasse weiter auf.

Ein Freund des Paares, eine Freundin der Eheleute tritt ans Mikrofon. Sie fordert die Braut auf, auf der Stelle, den Schuh freizugeben.
So oder so ähnlich beginnt das beliebte Spiel des Hochzeitsschuh-Versteigerns. Dabei gibt der Auktionator gleich zu Beginn die Gebote (beispielsweise Fünfer- oder Zehner-Schritte) vor und fordert die Gäste auf mitzusteigern.

Die amerikanische Art zu Steigern bedeutet dabei normalerweise, dass jener Gast, der als Letzter seinen Schein ins wandernde Körbchen wirft, der neue Besitzer ist.
Nicht so im Brauchtum. Selbstverständlich wird versucht, so lange wie möglich Spenden zu lukrieren, doch der letzte Geldeinwurf liegt beim Vater, beim Zubräutigam oder beim Bräutigam. Denn es ist schließlich eine Ehre seiner Tochter, seiner Schwester oder seiner Braut den Schuh wieder freigekauft zu haben.

Brautschuh Versteigerung in Vorarlberg

Manche Bräuche helfen dabei, die Hochzeits- oder Flitterwochenkasse eines jungen Paares ein bisschen aufzufetten. Zweifellos fällt der Brauch des Brautschuh Versteigerns in diese Kategorie.

Zur fortgeschrittenen Stunde im Rahmen der Abendunterhaltung machen sich in Vorarlberg auf Hochzeiten die Freunde des Paares auf die Suche nach der Braut, um an einen ihrer Schuhe zu gelangen.
Da Brautschuhe neu, so gut wie ungetragen und blitzeblank sind, ist es auch bei weitem keine unappetitliche Angelegenheit, der Braut das zarte Schuhwerk vom Fuß zu ziehen.

Mit fröhlichem Gelächter und angefeuert von der Hochzeitsgesellschaft wird anschließend von einem „Auktionator" der Brautschuh versteigert. Doch nicht um den Erhalt des Schuhs wird gerittert, sondern um das Anrecht auf den nächsten Tanz mit der Braut.

Einer der beteiligten Freunde saust mit einem Hut oder Korb durch den Saal, um die Scheine und Münzen der Versteigerung nach amerikanischem Modell einzusammeln.
Sobald der Schuh jenem überreicht wurde, der ihn ersteigern konnte, wird dieser ihn der Braut wieder sehr galant anziehen.
Dann erhält er unter Applaus den ihm zustehenden Lohn – einen Tanz mit der wunderschönen Braut!
Das Geld, das bei der Versteigerung zusammengekommen ist, bekommt das Brautpaar.

Clair's Brautstrauß

Der Brautstrauß war bereit zu fliegen,
die nächste Braut sollte ihn kriegen,
erwartungsfroh entstand Gedränge,
Clair warf den Brautstrauß in die Menge,
nahm Schwung, denn nur in hohem Bogen
wär' so ein Strauß auch gut geflogen!

Ach, hätte Clair doch nur bedacht,
dass man nicht Sport im Brautkleid macht!
Die Arme hoch, die Muskel spannen
- das ist der Startpunkt vieler Pannen -
so ist's passiert, ein Riss im Kleid,
und allen tat die Braut recht leid!
Na, und der Strauß? – Oh, meine Lieben!
Der ist dann bei der Braut geblieben,
Clair deckte damit nicht zu knapp
den großen Riss im Brautkleid ab!

Enttäuscht sind freilich jene Damen,
die so um ihre Chance kamen,
den Strauß zu fangen bei Bedarf,
weil ihn die junge Braut nicht warf!

Monika Krautgartner

Brautstrauß selbst gemacht

Brautstrauß werfen

Die mit dem schönsten Ehemann, werfen den ersten… äh…..Strauß!

Der bekannteste Brauch auf dei Welt ist das Brautstrauß werfen! Egal ob traditionelle, trachtige, kleine, große, feine oder legere Hochzeit. Kein schönster Tag im Leben ohne fliegende Blumen! Die Single-Frauen hassen es, die bereits verheirateten Frauen lachen sich eins: wenn der Hochzeitslader, der Wedding-Planer oder die Tanzkapelle zum Brautstrauß werfen aufruft, dann können alle Damen mit Ring am Finge aufatmen. Alle alleinstehenden Ladies müssen auch auf die Tanzfläche begeben und hinter der Braut Aufstellung nehmen. Unter lautem Getöse und Trommelwirbel fliegt schließlich der Brautstrauß gegen oder kurz nach Mitternacht aus den Händen der Braut und landet in den Händen einer anderen Frau. Die schließlich, so sagt es der Brauch, die nächste sein soll, die vor den Traualter tritt. Viele schlaue Bräute werfen aber längst nicht mehr den echten Strauß, sondern lassen sich eine günstigere Version machen, um sich das Original noch möglichst lange nach der Hochzeit behalten oder gar trocknen und verewigen zu können.

Brautübergabe

„Jetzt geb ich mein Täubchen her"

Kurz nach Mitternacht versammelt sich die Gästeschar am Tanzparkett, um die Braut gemeinsam mit dem Vater offiziell zu übergeben. Eine schöne, tränenreiche Angelegenheit voller Gänsehaut-Momente.
Leichter Trommelwirbel, alle stehen auf und strömen nach vorne auf die Tanzfläche, sie bilden einen Kreis. In der Mitte: der Bräutigam mit seiner Mutter, die Braut mit ihrem Vater. Wenn dann der Mitternachtswalzer ertönt, weiß die frisch gebackene Ehefrau, dass es die letzten Takte im Arm des geliebten Vaters sind. Die Zuschauer lassen Feuerzeuge leuchten und schunkeln mit. Und nach einigen genussvollen Walzerwiegeschritten öffnet der Vater die Tanzhaltung, um zum Mikro zu schreiten. Was dann folgt, das geht jedem ans Herz. Der Tradition nach übergibt nämlich in diesem Moment der Vater seine geliebte Tochter in die Obhut, Verantwortung und Hand des Ehemannes. Nicht, ohne mahnende, liebende, glückwünschende Worte zu sprechen und eine stets offene Tür zum Elternhaus zu versprechen. Sind die mächtigen Worte gesprochen, so holt der Brautvater seine Frau, die Bräutigam-Mutter ihren Mann und der Bräutigam seine Ehefrau. Alle drei Paare tanzen nun – und das immer mit einem Herzen voller glücklich-trauriger Gefühle – den mitternächtlichen Walzer, ehe die gesamte Gästeschar dann entweder ein letztes Mal das Brautlied oder das gefühlvolle Lied „Wahre Freundschaft" anstimmt. Mitten in der an Gefühlen nicht zu überbietenden Stimmung muss sich schließlich das Ehepaar losreißen und den Weg ins gemeinsame Heim antreten. Sie sind verabschiedet in ein gemeinsames, glückliches Eheleben.....

Vorarlberg:

Heimzünden

Auch der allerschönste Abend geht einmal zu Ende, und die Hochzeitsfeier löst sich meist um Mitternacht herum auf. Damit das junge Ehepaar glücklich nach Hause findet und nicht womöglich schon in der Hochzeitsnacht vom rechten Weg abkommt, wird ihm im Bregenzer Wald eine besondere Aufmerksamkeit zuteil. Links und rechts am Wegesrand werden kleine Feuer an vorbereiteten Stellen angezündet, das Paar und eine „Eskorte" treten im romantischen Schein der kleinen Lagerfeuer ihren Heimweg an. Heute werden dafür vielfach handelsübliche Fackeln oder Windlichter verwendet, ursprünglich erhellte ein Feuerchen aus brennendem Sägemehl und Petroleum die Nacht.

Vorarlberg:

Rauswurf des Bräutigams

Ein etwas rauer Brauch, der heute nur mehr in abgemilderter Form vollzogen wird, ist der Rauswurf des Bräutigams vom Gasthaus, bzw. Festsaales. Um Mitternacht herum ging die Braut ein letztes Mal durch ein Spalier der letzten Gäste. War sie „draußen" und bereit für den Nachhauseweg, wurde der meist nicht mehr gar so nüchterne Ehemann von den Männern geschnappt und seiner jungen Frau „hinterher geworfen". Ein rüder Brauch, der ihm vielleicht zu verstehen geben sollte, dass es für ihn als Ehemann nun vorbei ist mit den Wirtshausbesuchen bis zum frühen Morgen, und der manchmal zu mehr oder weniger schmerzhaften Verletzungen bei unsanften Landungen vor der Tür geführt hat.

Coca-Cola

NACH DER HOCHZEIT

Hochzeitsnacht & Schabernack

Sagenumwobene Nacht der wahren Eheschließung! Ab Mitternacht des Hochzeitstages bis zu den frühen Morgenstunden gilt die Hochzeitsnacht, in der nicht nur die Ehe vollzogen werden soll sondern auch so manches frisch gebackene Ehepaar sich den Weg zum Ehebett erst erkämpfen muss. Nur gut, dass die früher üblichen drei Nächte der Enthaltsamkeit heute nicht mehr befolgt werden müssen.

Mit Walzer- oder Landler-Klängen wird das Brautpaar meist und fast allerorts in Österreich von der Feier verabschiedet, hinaus gewunken oder hinaus geklatscht. Mit Limousine, Kutsche oder anderem Gefährt darf das Ehepaar dabei zum ersten Mal die Nacht als Mann und Frau im gemeinsamen Ehebett verbringen (was heute nicht mehr der Realität entspricht).
Doch das romantische Ankommen zuhause muss bei vielen Paaren oft noch verzögert werden. Haben schließlich Freunde, Kollegen oder Mitglieder des Vereins für ordentlichen Schabernack gesorgt. Bei den Recherchen zu diesem Thema kamen uns so viele Geschichten zu Ohren, dass es allein ein ganzes Buch füllen würde, über sie zu berichten. Da wären zum Beispiel die Maurer-Kollegen eines Oberösterreichers, die während der Hochzeitsfeier einfach die Haustür zu seinem Vierkanter-Bauernhof zumauerten, um so das Heimkommen zu verzögern. Oder die Geschichte einer Salzburgerin, die den Boden ihres Hauses auf jedem Quadratzentimeter mit Wasserbechern bestellt vorfand und erst einmal die Becher leeren musste, ehe sie sich samt Gemahl den Weg ins Schlafzimmer bahnen konnte. Auch von zerlegten Betten, veränderter und vertauschter Einrichtung (Schuhschrank ins Bad, Handtücher in die Küchenkommode, Besteck ins Nachtkästchen oder Klosettmuschel im Wohnzimmer) ist da die Rede. Die Ideen sind bei kaum einem Brauch so vielfältig. Doch Vorsicht: nicht alles was Spaß macht, bereitet auch dem Brautpaar Vergnügen. So würde unser Rat lauten: Weg von Zerlegen, Bohren, Mauern oder Baggern. Hin zu netten Bräuchen, wie wir sie ebenfalls vernommen haben. So etwa aus Oberösterreich, wo die Freunde des Brautpaares zwar eingedrungen, aber das ganze Haus mit Luftballons geschmückt haben. Oder aus Tirol, wo die Vereinskollegen vom Fotoklub unzählige nette Bilder des Paares im Haus platzierten. Schön ist auch die Idee aus Vorarlberg, die uns erreichte. Dort bereiten Freundinnen des Paares traditionell im Geheimen den Frühstückstisch vor und füllen den Kühlschrank mit edlen Leckereien. Beim Heimkommen bereitet das den frisch Vermählten garantiert Freude!
Nur gut, dass so mancher Brauch auch vergänglich ist. War es früher nämlich durchaus üblich, dass das Recht der ersten Nacht mit der Braut dem Gutsherren oder Regenten des Gebiets zukam. Sich davon freizukaufen, war für viele der jungen Ehemänner nicht möglich. Und wenn doch, musste es ein Stück Land oder ein brauchbares Alltags-Utensil als Jungfern-Zins bezahlt werden. Oftmals handelte es sich aber beim Jungfern-Zins auch um eine Bratpfanne, die der Größe des Hinterteils der Braut entsprach und so die erste Nacht bzw. Hochzeitsnacht wieder dem Bräutigam gehörte.

Katzenmusik

Steirische Hochzeitspaare, die sich auf die Hochzeitsnacht freuen – freuen sich meist zu früh. Denn ein alter Brauch aus bäuerlichem Umfeld fordert, dass Freunde, Verwandte oder Nachbarn warten, bis in der Hochzeitsnacht im Haus das Licht abgeht und ab diesem Moment für „Katzenmusik" sorgen. Dabei handelt es sich um einen Riesenlärm, der mit alten Töpfen, Geschirr, Motorsägen, Schiebetruhen, Eisenstangen und Getreidewinden voller Begeisterung gemacht wird. Fast lautlos wird vor dem Schlafzimmerfenster der Turteltauben Aufstellung genommen und auf Kommando zu lärmen begonnen. Von einem Ziehharmonika-Spieler begleitet wird nun gewartet, dass die Tür geöffnet wird. Eine gemeinsame nächtliche Jause serviert durch die Braut, das lustige Tanzen in geselliger Runde und das Nachfeiern bis in die frühen Morgenstunden gehört ebenfalls zu diesem lustigen Brauch.

Die Morgengabe

Nach der schönen Hochzeitsnacht
ist es durchaus angebracht
der Braut was Kostbares zu schenken;
so wird sie milde an ihn denken,
wenn dereinst in vielen Jahren,
wie bei allen Liebespaaren
die Liebe dann dem Alltag weicht,
und ein Strauß Rosen nicht mehr reicht.

Irene Gruber, Eberschwang

Morgengabe

Am Morgen nach der Hochzeitsnacht oder mancherorts auch schon beim Abholen der Braut von Zuhause überreicht der Mann seiner Braut eine romantische Aufmerksamkeit.

Wussten Sie, dass die Morgengabe weder ein zusätzliches Hochzeitsgeschenk noch eine Zuwendung im Sinne von Brauchtum ist? Die Morgengabe, die auch heute noch Thema ist, diente eigentlich der finanziellen Absicherung der Braut, sollte der Ehemann kurz nach der Eheschließung sterben. Die Morgengabe stand zur alleinigen Verfügung der Frau. Es wurden „realisierbare Werte" vom Mann an die Frau als Geschenk überreicht, je nach den finanziellen Möglichkeiten.
Die Morgengabe gab es nach österreichischem Recht (§ 1232 ABGB) bis Ende Juli 2009, es kam aber als Forderung so gut wie nicht mehr zu tragen. Es stammte aus dem Jahr 1811, also noch zu Zeiten der Habsburgmonarchie, und wurde wie gesagt, erst vor wenigen Jahren vom Nationalrat aus dem Gesetzbuch gestrichen.
Wenn die Morgengabe auch nicht mehr gesetzlich verankerter Anspruch der Braut in Österreich ist, erfreut sie sich trotzdem immer noch großer Beliebtheit. Heute wird großteils Schmuck als Morgengabe überreicht, und der Trend entwickelte sich in den letzten Jahren deutlich in Richtung eines kostbaren Vorsteckringes, bzw. Memoire-Ringes.

Niemals ohne Euch

Ein Hochzeitsfest hinterlässt eine Million bunter Eindrücke und ein Meer von Blumen.
Ein sehr ehrenwerter und pietätvoller Brauch ist es, ein paar der schönsten Blumen und Gestecke am Tag nach der Hochzeit an die Familiengräber von Braut und Bräutigam zu bringen. Das gemeinsame Leben mit einer respektvollen Geste zu beginnen, zeigt Wertschätzung und die Bindung innerhalb einer Familie.
Der Blumengruß von der Hochzeit sagt jedem, der am Grab vorbeikommt etwas sehr Schönes: „Wenn wir auch akzeptieren, dass ihr nicht mehr unter uns seid, so ward und seid ihr doch in Gedanken ein Teil der Hochzeitsgesellschaft gewesen.“

Hochzeitsreise!

Eine Reise in den Süden...

Was auch immer die Hochzeit gekostet hat, wie viel auch immer zu tun war, wenn der große Tag vorbei ist bleibt meist ein großer Wunsch: ENDLICH wieder etwas ruhigere Tage miteinander als Paar erleben! Nichts ist dafür besser geeignet als eine schöne, entspannende Hochzeitsreise! Aus Erfahrung und nach unseren vielen Gesprächen und Recherchen zu diesem Buch empfehlen wir Ihnen eine Hochzeitsreise, sie entschädigt für so manchen Stress und Stunk, den es trotz bester Vorbereitung und trotz bester Planung zweifellos gegeben hat. Und sie bietet Gelegenheit, das „nun sogar amtlich verbriefte" Gefühl der Verbundenheit so richtig auskosten zu können.

Wohin geht die Reise?

Natürlich ist es sinnvoll, die Hochzeitsreise schon in die Hochzeitsplanung miteinzuschließen. Viele Paare tragen der finanziellen Planung einer solchen schon in der Einladung zur Hochzeit Rechnung und erwähnen höflich und ohne fordernd zu klingen, dass sie sich ganz besonders über Reisegutscheine oder auch nur „Scheine" freuen würden.
Vielen Gästen ist es nur recht zu wissen, was wirklich Freude macht und dem Paar willkommen ist. Zu klären ist sinnvoller Weise auch schon im Vorfeld, wo die Reise hinführen soll. Wenn beide Partner ausgesprochene „Strandläufer" sind, wird sich schnell das Passende finden. Ist „sie" eine Südseeromantikerin und „er" ein bergsteigender Lappland-Fan, wird sich bei der Planung der Hochzeitsreise zeigen, wie kompromissfähig das junge Paar ist. Natürlich gehen wir, wie immer, vom besten Fall aus und davon, dass es auch immer dazwischen wunderbare Orte für die neue Zweisamkeit gibt.

Mit der Schwiegermutter im Anhang

Wenn Sie es noch so gut meinen, überlegen Sie es sich gut, ob Sie die Hochzeitsreise samt „erweitertem Familienumfeld" machen möchten, oder ganz egoistisch einfach „wir wollen allein sein" sagen. Die Hochzeitsreise ist etwas Einmaliges, Wunderbares und gibt Energie für den Start in den Ehealltag. Genießen Sie jede Sekunde davon, was auch immer an Erlebnisreisen in Ihrem zukünftigen Leben kommen wird: die Hochzeitsreise wird nicht mehr dabei sein, also beanspruchen Sie sie ganz für sich!
Erinnerungen an die Hochzeitsreise funkeln in jenen Zeiten, wenn es nicht ganz so einfach ist im Leben, ganz besonders!

Ab in die Flitterwochen!

Mit einer Reise in den Süden,
ist allgemein der Mensch zufrieden,
doch wenn ein Brautpaar flittern will,
ist selbst das Beste nicht zu viel!

Die Flitterwochen sind zum Träumen,
wer möchte dieses Glück versäumen?
Drum, liebes Paar, nehmt Euch ruhig wichtig,
und flittert südwärts, so ist's richtig!

Monika Krautgartner

Die Flitterwochen sind vorbei

Die Flitterwochen sind vorbei,
es folgt der Alltag für Euch zwei,
der Start lief gut, in jeder Weise,
am End' der Flitterwochen-Reise
steht der Beginn vom Eheleben,
jetzt heißt's dem Partner alles geben,
was man nur geben kann und will,
das ist der guten Ehe Ziel!

Die Flitterwochen sind vorbei,
was jetzt kommt, das ist schön und neu,
gemeinsam durch die Jahre geh'n
wird durch die Liebe wunderschön!

Monika Krautgartner

Mein Herz

Mein Herz will ich dir schenken,
ganz ohne viel Bedenken.
Mit Liebe will ich es schmücken,
so soll es dich entzücken.

Nun habe ich keines mehr!
Der Platz in mir ist leer.
Doch ist es nicht verloren,
ich habe dich mir auserkoren.

Wirst du es treu verwalten,
mit warmen Händen halten,
es sorgsam wohl verwahren,
voll Liebe schlägt es noch in Jahren.

Johanna Reinthaler, Mettmach

Glückssuppe

...auch nach der Hochzeit gibt´s noch schöne Bräuche...

Eine Woche nach der Trauung kommt das junge Ehepaar und eine ausgesuchte Gruppe aus der nahen Verwandtschaft zu einem gemeinsamen Mittagessen zusammen. Es wird „Glückssuppe" aufgetischt, doch längst wurde daraus ein „ordentliches" Mittagessen, bei dem die Suppe meist nur mehr Vorspeise ist.
Traditioneller Weise laden die Eltern der jungen Ehefrau zum Glückssuppe Essen in ihr Heim, die Eltern des Ehepartners und die eventuell mitessenden Geschwister, Tanten, Onkel, haben bei diesem kulinarischen Brauchtum Gelegenheit, sich im gemütlichen, familiären Rahmen noch näher zu kommen.

Die Glückssuppe soll, das ist unschwer von ihrem Namen her abzuleiten, dem frischvermählten Ehepaar Glück bringen. Natürlich geht es manchmal überaus fröhlich und gesellig zu bei diesem Familienessen. Ein Gläschen Wein oder Limonade, im Eifer des Gefechtes versehentlich verschüttet, ist kein Malheur bei einem Anlass wie diesem! Der nasse Fleck wird sogar freudig beklatscht, sagt man doch im Volksmund, dass eine baldige Kindstaufe ins Haus steht, wenn etwas am Tisch verschüttet wird!

Jubiläen

Warum jedes Ehejahr gefeiert werden will

Viele Männer vergessen ihn, die Frauen ersehnen ihn, die Freunde planen Schabernack und die Kinder überraschen mit Geschenken: Der Hochzeitstag ist für ein Ehepaar ein ganz besonderer Jubeltag. Gerade in jungen Ehejahren wird er zum Anlass genommen, gemeinsam Zeit bei einem romantischen Abendessen, bei einem Hotelaufenthalt, bei einem Ausflug oder einem Kuschelabend auf der Couch zu verbringen. Blumen sind hier das meist gewählte Geschenk und erfreuen jede Frau. Weshalb - in Anbetracht der männlichen Vergesslichkeit bei romantischen Themen wie diesen - Blumenhändler und Floristen bereits einen Hochzeitstags-Service anbieten, an dem der Ehegatte entweder erinnert wird Blumen zu kaufen oder die blühende Liebesbekundung sofort nach Hause geschickt bekommt.

Ein Hochzeitstag ist auch der Tag an dem man gerne zurückblickt, die Ehejahre oder die Hochzeit Revue passieren lässt und sich freut, bereits so lange dieses Stück gemeinsam gegangen zu sein. Und bei aller Romantik darf auch der Spaß nicht vergessen werden: So hört man immer wieder von Männern die ihre Ehejahre mal zwei rechnen. Mit der Begründung: „Kriegsjahre zählen schließlich doppelt!“

Hochzeits Revue

Hochzeit

Das gehauchte Ja-Wort besiegelt den ersten und damit den grünen Hochzeitstag. Die Farbe grün steht dabei für das Leben, das Wachsen und den Beginn. Selbstverständlich symbolisieren viele Elemente einer Hochzeit diese Farbe. Nicht etwa nur der Blumenschmuck, auch der Rasen, die Wiese, über den die Braut schreiten sollte, um den Kindersegen zu erbeten. Auch in überreichten Blumen spiegelt sich die Farbe grün und soll dem Paar Segen sein. Und grün ist ja schließlich auch der Schell- oder Schwippbogen, den man in manchen Teilen Österreichs vor der Hochzeit vor die Haustür des angehenden Brautpaares oder die elterliche Haustür von Braut oder Bräutigam stellt.

1 Jahr verheiratet

Ein Jahr nach der Hochzeit bzw zwei Jahre danach feiert man vielerorts die baumwollene Hochzeit, also das einjährige Bestehen der Ehe. Baumwolle sei dabei ein Zeichen der Beständigkeit, der Verlässlichkeit. Gleichzeitig nennt man in vielen Regionen Österreichs den ersten bzw den zweiten Hochzeitstag auch die Seidene oder Papier-Hochzeit. Dabei leitet man die den Sinn scheinbar von der Zartheit des Papiers bzw der Seide ab. Die Ehe sei somit etwas filigranes, auf das es aufzupassen gelte.

Lederhochzeit – 3 Ehejahre und mehr

Drei Jahre verheiratet zu sein, lässt einen die lederne Hochzeit feiern. Damit wünscht man sich Zähheit in der Ehe und damit ein langes Halten der Ehebande. Das darauf folgende Jubiläum ist der fünfte Hochzeitstag und damit die hölzerne Hochzeit. Dabei bringt man das Holz mit Beständigkeit, Verlässlichkeit und Dauer in Verbindung. Wer die hölzerne Hochzeit feiern kann, habe die schwerste Zeit überstanden.

10 Jahre verheiratet

Das zehnjährige Bestehen einer Ehe feiert man im Kreise der Freunde bei der Rosen-Hochzeit. Rosen gelten dabei als das Aufblühen der Ehe, die Blüte der Liebe und die neu blühende Liebe. Besonders Freundinnen beschenken sich dabei gerne und freuen sich mit ihrer lieben Seelenverwandten über den Erfolg und die Beständigkeit der Liebe. Selbstverständlich wäre es auch für einen Mann nicht verkehrt, der Gattin zu diesem Ehrentag Rosen zu überreichen.

12 Jahre – Ein Dutzend voll

Die Leinen-Hochzeit erreicht, wer 12 volle Jahre verheiratet ist. Die Symbolik des Leinenstoffes deutet sich umgelegt auf die Ehe als beständiges, gutes Gewebe, das Halt verspricht. Doch auch auf die (hoffentlich) verschlissene Bettwäsche – die dann spätestens erneuert werden soll – kann die Leinen-Hochzeit hindeuten. Weshalb Schwiegereltern oder Eltern ihren verheirateten Kindern zu diesem Anlass seit jeher Bettwäsche oder Leintücher geschenkt haben.

12,5 Jahre – Halbzeit zur Silbernen

Der wohl lustigste aller Hochzeits-Jubiläen, ist jener Tag, an dem das Paar 12,5 Jahre (Halbzeit zur Silberhochzeit) verheiratet ist und meistens (weil dieser Tag fern des eingeprägten Datums liegt) komplett darauf vergisst. Anlass und Gelegenheit für lustige Freundes- oder Vereinsrunden, beim Paar unangekündigt zur Tür herein zu fallen und mit mitgebrachtem Grünzeug und Gemüse zur so genannten Petersilien- oder Schnittlauch-Hochzeit zu gratulieren.

20. Hochzeitstag

20 Jahre verheiratet zu sein, ist eine besondere Sache, weshalb man zu diesem Jubeltag – der umgangssprachlich Porzellan-Hochzeit genannt wird - von Familienmitgliedern oder Freunden Teller, Tassen, Teekannen etc als Geschenke bekommt.

25 Jahre Silberhochzeit

Ein ganz besonderer Jubeltag ist jener, an dem das Brautpaar von einst 25 Jahre verheiratet ist und die Silberhochzeit begehen darf. Dabei erfreuen sich die Partner meist nicht nur an den verbrachten Ehejahren, sondern auch an den daraus hervorgegangenen erwachsenen Kindern. Oftmals lässt man sich selbst oder für eine Freundin den original Brautstrauß nachbinden und erinnert so an rührende Momente der einst geschlossenen Ehe. Oftmals wird im Kreise der Freunde und Familie ein Dankgottesdienst abgehalten oder man trifft sich zum gemeinsamen Feiern und Essen. Mancherorts trägt das silberne Ehepaar an diesem Tag auch silberne Accessoires wie etwa Anstecker, Blümchen oder Silber-Bänder. Viele Paare schätzen es auch sehr, das Ehegelübde an diesem Jubeltag zu erneuern.

Versilberte Ehejahre

Die Silberhochzeit ist das erste „große“ Ehejubiläum und wird in den meisten katholischen Pfarren Österreichs mit einer Jubelmesse für alle Jubelpaare gefeiert.
Dabei wird das Ehegelübde erneuert und um Segen für weitere Ehejahre gebetet.
Oftmals wird sogar – von Freunden, der Familie oder den Kindern – eine extra Silber-Hochzeitskerze angefertigt, um dem Jubelpaar zu gratulieren. In Oberösterreich stellen Freunde des Paares gelegentlich sogar einen Schwell- oder Schwippbogen (ein an sich bei der Hochzeit üblicher Brauch, bei dem ein grüner Bogen vor der Haustür platziert wird) auf, auf dem silberfarbene Schleifen und Bänder, Hochzeitsbilder von damals und natürlich die Zahl „25“ bzw. „Ein Hoch dem Brautpaar“ deutlich zu sehen sind.

Neue Ringe, neues Glück

Hand aufs Herz: Wer muss nicht aufs Budget achten beim Heiraten? Es kommt schon was zusammen an Kosten, keine Frage, und so wird manchmal da und dort ein kostensparender Kompromiss eingegangen.
Im Nachhinein betrachtet, gibt es viele Dinge, die nicht mehr zu ändern sind nach Jahren. Wenn aber zum Beispiel bei den Eheringen ein bisschen gespart wurde in der Jugend, oder schlicht und einfach, weil die Ringe verbeult sind nach der langen Tragedauer, spricht nichts gegen neue.
Viele Ehepaare feiern ihre Silber,- Gold oder sonstige Jubiläumshochzeit sehr bewusst und wer auf 25 gemeinsame Jahre als Paar, als Eltern und womöglich sogar schon als Großeltern zurückblicken darf, weiß das meist sehr zu schätzen.
Für manche romantische Paare sind die Jahrzehnte alten Ringe, die das Paar durch Dick und Dünn begleitet haben, von unschätzbarem persönlichen Wert und sie werden bestenfalls aufpoliert für die Feier.
Bei unseren Recherchen für dieses Buch erfuhren wir allerdings auch, dass es gar nicht so selten vorkommt, dass Paare bei der Jubiläumshochzeitsfeier die Auffrischung ihres Gelübdes mit neuen, schönen Ringen krönen.

Wie auch immer die große, bewältigte, schöne Eheetappe gefeiert wird: Sie schließt ein wunderbares Kapitel und lädt ein zum gemeinsamen Danken und Feiern, und sie öffnet das Tor für die nächsten gemeinsamen Jahre als ersten Schritt vorwärts zum nächsten, hoffentlich bei bestem Befinden zu feiernden Jubiläum!

Zur Silberhochzeit

25 Jahre Liebe,
Hand in Hand und Tag für Tag,
und wie damals sieht man heute,
dass sich dieses Paar recht mag!

Eure Silberhochzeit ehrt Euch,
dankbar blickt Ihr heut' zurück,
wenn zwei Leut' so lang sich lieben,
ist das schon ein großes Glück!

25 Jahre Treue,
Höhen, Tiefen, Zärtlichkeit,
alles Gute für die Zukunft,
groß sind heute Glück und Freud'!

Monika Krautgartner

Der 30. Jahrestag

Die Perlenhochzeit nennt man den 30. Hochzeitstag und liefert damit schon die Geschenksidee des Mannes an die Ehefrau. So ist bis weit in die Geschichte zurück bekannt, dass Ehegatten ihren Damen an diesem Jubeltag mit 30 aneinander gereihten Edelsteinen oder Perlen – also einer Kette – die Liebe ausdrückten. Dass der Perle auch die Tränen der Frau symbolisch zugeordnet werden können möge dabei jeder Leser für sich deuten.

40 Jahre – Rubin-Hochzeiter

40 Jahre nach der Eheschließung feiern Paare schließlich die Rubin-Hochzeit. Eine Ehre und Freude, die in der heutigen Zeit immer rarer wird. Der Rubin symbolisiert dabei einen Edelstein, eine Kostbarkeit und gleichzeitig einen Gegenstand, der über die Jahre Bestand hat. Früher schenkte man zu diesem Anlass einen Edelstein oder ließ der Gattin einen solchen in den bestehenden Ehering einarbeiten. Auch Männer trugen früher durchaus ein kleines Steinchen, das zu diesem Ehrentag eingearbeitet wurde, am Ring. Auch bei diesem Liebes-Jubiläum ist es dort und da Brauch, sich mit Familie, Verwandtschaft und Freunden zu einem Fest zu treffen und sogar einen Gottesdienst zu feiern.

50 Jahre – Die „Goldene"

Die goldene und damit die 50-jährige Hochzeit feiert man heute noch öfter als es vielleicht in der Zukunft möglich sein wird. Wie beim 25. und 40. Hochzeitstag erneuern viele Ehepaare dabei das Ehegelübde und zelebrieren im Kreis der geliebten Menschen einen Dank-Gottesdienst. Gold steht hierbei als Symbol für die zeitlose, die lang anhaltende, die alles überdauernde und die glänzende Ehe. Familienmitglieder binden hierzu gerne in Erinnerung an die Hochzeit vor 50 Jahren einen Schwell- oder Schwippbogen für den Hauseingang, Ringe oder Herzen aus Tannenreisig oder Buchsbaum, um das gegebene Eheversprechen in Erinnerung zu rufen und das Ehepaar an den unvergesslichen Tag der Hochzeit zu erinnern. Selbstverständlich soll das gebundene Blumenwerk mit goldenen Schleifen aber auch dazu dienen, Nachbarn und Bekannte, die am Haus des Paares vorbei kommen auf das Jubelfest aufmerksam werden zu lassen.

Fürbitten für goldene Hochzeit

Für das Jubiläumspaar:

Lieber Gott! 50 Jahre hast du deine schützende Hand über die Eheleute gehalten, mit deiner Hilfe und durch ihre Liebe haben sie allen Stürmen des Lebens standgehalten. Schenke ihnen die Gnade eines erfüllten Alters in Frieden, und lass sie auch zukünftig erkennen, wie groß das Geschenk der Liebe ist.

Für die Familie unseres Jubiläumspaares:

Lieber Gott! Lass die Kinder und Enkelkinder gesund und heiter im Kreis der irdischen Familie Schutz und Liebe erfahren, und gib ihnen die Herzenskraft zu erkennen, dass auch du als Vater im Himmel immer da bist, um sie zu schützen und zu stärken.

Für Verwandte und Freunde:

Lieber Gott! Begleite und segne uns, vor allem unsere Verwandten und Freunde, die uns im Alltag nicht immer gegenwärtig sind. Lass uns stark und klug sein, damit wir sie niemals alleine lassen, wenn sie unserer Liebe oder Zuwendung bedürfen.

Für die verstorbenen Vorangegangenen:

Lieber Gott! Im Vertrauen darauf, dass niemand tiefer fallen kann als in deine schützende Hand, binden wir in unseren Gedanken und Gebeten unsere Verstorbenen in diese Feier mit ein. Besonders die Mütter und Väter, Großmütter und Großväter, sind uns in der Bitte nah, die uns hoffen lässt, dass sie bei dir im Himmelreich sind und uns, wenn unsere Stunde gekommen ist, erwarten. Schenke unseren lieben Verstorbenen die ewige Ruhe an deiner Seite.

Gedanken zur „GoldenenHochzeit“

Wenn Liebe 50 Jahre dauert,
mitunter die Gewohnheit lauert,
mitunter selbstverständlich scheint,
dass zwei vor Gott sich einst vereint!

Doch denkt man nach über die Zeiten,
ist 50 Jahre sich begleiten,
mit allen Höhen und auch Tiefen,
ein Grund um ganz gerührt zu schniefen!

Die Hälfte des Jahrhunderts voll,
das ist so wunderbar und toll,
man fühlt genau: egal was kommt,
Ihr Zwei schafft alles, - stark und prompt!

Monika Krautgartner

Die Welt dreht sich unentwegt

Die goldene Hochzeit ist für Eheleute und ihre Kinder sowie Enkelkinder ein Zeugnis beinahe ewiger Liebe mit unantastbarem Wert.
50 gemeinsame Jahre sind ein guter Zeitpunkt, um innezuhalten und das Erlebte zu würdigen. In der Nachkriegszeit zu heiraten, hieß für die meisten Paare, von besseren Zeiten zu träumen und die Aufbruchsstimmung des Wirtschaftswachstums mitzubekommen. Wer die letzten 50 Jahre gemeinsam erleben durfte, hat viele Veränderungen, Verbesserungen und Entwicklungen erfahren. Wie schön, wenn die Summe der Jahre auch einen Zugewinn an Vertrauen, Liebe, und Zugehörigkeitsgefühl gebracht hat. Und was die goldene Hochzeit durchaus zulässt: ein bisschen Stolz! Zurückzublicken auf Geleistetes, auf Höhen und Tiefen, die man als Paar zu nehmen wusste, auf Familienpflichten, die man auf sich nahm und gut bewältigte, und nicht zuletzt Stolz auf die nächsten Generationen, auf Kinder und Enkelkinder. Das äußere Zeichen einer Goldenen Hochzeit ist die Hochzeitskerze, die extra zu diesem Tag angefertigt wird.Sie ist es, die das ewig brennende Feuer zwischen den Eheleuten symbolisiert und in der traditionellen Jubelmesse neben Familienmitgliedern und Freunden ihren Glanz verteilt.
Auch gebundene Kränze, Herzen, Ringe oder Bögen – verziert mit goldenen Bändern und der Zahl 50 – gehören zum modernen Brauch, vor dem Haus der Eheleute auf das stolze Jubelfest ehrend aufmerksam zu machen.
Manches junge Paar, das heute den Weg vor den Traualtar antritt, wird sich in ruhigen Momenten fragen, wie es bei ihm aussehen wird in 50 Jahren. Hoffentlich wird es ein freudiger Tag sein, ein Tanz ins Glück des gemeinsamen Alterns!

Liebe Hochzeitsgäste!

Nach 50 Jahren Ehestand
besitzen wir so allerhand!
Polster, Decken und Geschirr,
sogar Pfannen haben wir,
darum fehlt, so viel ist fix,
uns in uns'rem Haushalt nix!
Blumensträuße schenkt der Garten
täglich uns, und wir erwarten,
wirklich keine Packerl, Sachen,
nur Dein Kommen und Dein Lachen!

Solltest Du darauf besteh'n,
würden wir es dankbar seh'n,
dass Kuverte sich entfalten,
die ein bisschen was enthalten,
für's Buffet, die Helferinnen,
und was in den Gläsern drinnen!
Doch das Schönste für uns wäre,
sei unser Gast, gib uns die Ehre!

55 oder 60 Jahre – Höhen und Tiefen erlebt

55 Jahre nach dem gesprochenen Ja-Wort nennt man den Hochzeitstag den Smaragd- oder Juwelen-Hochzeitstag. In unserer Zeit gibt es sie noch, für kommende Generationen mag sie schwierig zu erreichen sein: die Diamant-Hochzeit. Dabei ist das Paar stolze 60 Jahre Seite an Seite durchs Leben gegangen und hat mit Sicherheit Höhen und Tiefen wie kein anderes überstanden. Der Diamant steht dabei für den ewig schönen, ewig haltbaren und ewig wertvollen Stein der Liebe. Der 60. Hochzeitstag wird ebenso mit Kirchgang, Feierlichkeiten und Jubelgeschenken gefeiert.

65 Jahre – Eiserne Hochzeit

Die eiserne Hochzeit feiert, wer 65 Jahre verheiratet ist, die Gnadenhochzeit, wer 70 Ehejahre erleben durfte und auch die Eichenhochzeit für 80 Ehejahre gibt es. Sie wird oft in gleichem Zuge mit der Himmelshochzeit gefeiert. Ein Hochzeitstag, den auch Familienmitglieder oder Hinterbliebene Menschen einem verstorbenen Ehepaar oftmals mit einer Heiligen Messe widmen.

Der Zauber der Diamant-Hochzeit

Wer 60 Jahre verheiratet ist, der kennt seinen Partner in- und auswendig. Man kennt seine Macken, man kennt seine Stärken, man weiß um seine Talente und seine Leidenschaften Bescheid. Man hat meist eine Familienschar um sich, die aus Kindern, Enkeln und vielleicht auch Urenkeln besteht.

Die Diamant-Hochzeit lässt Augen glänzen, Hände drücken, Umarmungen fließen und Jahrzehnte wie klitzekleine Momente erscheinen. Diamant-Hochzeitspaare haben so viel gemeinsam erlebt. Sie kennen die strahlenden sowie die dunklen Seiten des Lebens und haben das Schicksal zu nehmen verstanden, wie es kam.

Die Diamant-Hochzeit ist heute gar nicht so ungewöhnlich, weil viele Paare schon im zarten Alter von 18, 19, 20 Jahren geheiratet haben. Sie sind also zu diesem Jubeltag um die 80 Jahre – was wohl in einigen Jahren immer ungewöhnlicher wird. Denn kaum jemand gibt sich heute noch mit 18 Jahren das „Ja-Wort". Weil Diamant-Paare schon so lange zusammen sind, läuft auch der Jubeltag meist sehr unaufgeregt ab. Mit einem Kirchgang, einer speziellen Messe für die Familie, einem gemeinsamen Essen, lieben Worten, lustigen Gedichten und kleinen Spielen, vor allem aber edlen Geschenken wird der Tag begangen.

Juliane und Josef Stadler bei ihrer Hochzeit mit der Familie und den Kranzlbräuten.

Juliane und Josef Stadler, aus Fischlham in Oberösterreich, feierten die Diamant-Hochzeit.

60 Jahre Liebe ist kostbar wie ein Diamant

Du bist mir kostbar wie ein Diamant. Und unsere Ehe ist es. Dass es Dich gibt, ist für viele ein Glück, am meisten aber für mich. Gleich einem Diamanten strahlst Du von innen her. Deine Augen funkeln wie ein Diamant, wenn Du etwas erzählst. Auch heute noch, nach diesen vielen gemeinsamen Jahren, bin ich demütig bei dem Gedanken, dass Du damals meinen Antrag angenommen hast. In Deinem Benehmen, in Deinem Wesen, hast Du „den besten Schliff" und bist ein Mensch, wie es wenige gibt. Wenn es darauf ankommt, hast Du freilich auch die Härte und Stärke eines Diamanten. Du bist das Beste, Schönste und Kostbarste in meinem Leben. Ich bin froh, dass Du mir auf meinem Weg begegnet bist! Dass unsere Liebe ihr Funkeln und ihren Glanz nicht verlieren möge, wohin das Leben uns im Alter auch führt, ist mein größter Wunsch! Mit ganzer Kraft, mit all meiner Liebe und Treue, aus ganzem Herzen erneuere ich heute mein Gelöbnis, das ich Dir vor 60 Jahren vor dem Traualtar in die Hand versprochen habe: Ich werde Dich lieben, achten und ehren bis zum Tod und darüber hinaus, so wahr mir Gott helfe.

Monika Krautgartner

Was tun mit dem Brautkleid nach der Hochzeit?

Kein anderes Kleidungsstück im Leben hat für Frauen eine größere Strahlkraft als das eigene Brautkleid. Nicht nur weil es meist ein sehr kostbares, teures Festtagskleid ist, es hängt auch das Herz an jenem Traum aus edlem Stoff, in dem man „ja“ sagte.
Viele Frauen würden sich eher von ihrem Schmuck als vom Brautkleid trennen und heben es sorgfältig auf. Natürlich trägt man es in der Regel kein zweites Mal, trotzdem bleibt es „im Haus“.

Heiraten im Kleid der Mutter

In manchen Gegenden und Ländern war es Brauch und ein besonders schöner Teil der Hochzeit, wenn man im Brautkleid der Mutter heiraten konnte.
In früheren Zeiten wurden besonders aufwändige Handarbeiten, Spitzen und Borten für Brautkleider selbst hergestellt, und die Üppigkeit so manchen alten Brautkleides bezaubert auch heute noch. Das Selbe gilt für die sehr prachtvollen Hochzeitstrachten mit ihren Stickereien und Verzierungen. Heute ist es meist ein sekundäres Argument zum Aufheben des Brautkleides und im Kleid der Mutter heiraten heute die wenigsten jungen Damen.

Box? Schachtel? Altkleidersack?

Wie und wo ein Brautkleid aufbewahrt wird, entscheidet jede Frau selbst, am besten in Seidenpapier gehüllt an einem trockenen, luftigen Plätzchen. Die meisten wissen es allerdings gerne in ihrer Nähe, das Brautkleid, zeigen es manchmal sehr guten Freundinnen und streichen auch nach Jahren in gewissen Momenten liebevoll über Rüschen, Perlen, Stickereien. Es gibt viele Dinge zwischen Himmel und Erde, die man nicht ausschließlich rational erklären kann. Die große Bedeutung und das hartnäckige Aufbewahren des eigenen Brautkleides fällt in diese Kategorie. Vielleicht als kleine Gedächtnisstütze zur Erinnerung an die vielen unvergesslichen Augenblicke des Hochzeitsfestes.

Danken zeigt Wertschätzung

Die Hochzeit ist vorbei und die ersten Tage und Wochen vergehen wie im Flug! Mit einem schönen Hochzeitsfoto, bzw. einem geschmackvollen, selbst gestalteten Bilett für die Aufmerksamkeiten, die guten Wünsche und den Besuch zu danken, hat sich längst eingebürgert und ist beinahe genauso selbstverständlich geworden wie die kunstvolle Einladung.
Die Gäste, die auf der Hochzeit waren, freuen sich nicht nur über das hübsche Foto vom Brautpaar in ihrem prächtigen Gewand, dass noch einmal in schriftlicher Form für den Besuch und eventuell für die Geschenke gedankt wird, ist nie verkehrt und ein Zeichen der Höflichkeit, der Dankbarkeit und der Wertschätzung.
Unterschätzen Sie die Wichtigkeit dieser kleinen Geste nicht, sie wird die Adressaten bestimmt erfreuen!

Originell oder klassisch?

Wie Sie Ihren Dank ausdrücken, bleibt Ihrem persönlichen Geschmack überlassen. Spartanische Formulierer werden mit einem „Wir danken für die erwiesenen Aufmerksamkeiten anlässlich unserer Vermählung" auskommen.
Wer es detailreicher liebt, wird ein paar handschriftliche Zeilen darunter setzen.
Erlaubt ist längst, den gesamten Text, also auch die Namen, zu drucken, wenn auch trotzdem vieles für eine handschriftliche Unterschrift spricht. Sie zeigt, dass die Karte wirklich persönlich gewidmet wurde und man an den Adressaten dachte, während man mit seinen Namen signierte.
Manchem Paar gefällt es, wenn nicht nur eine kleine Dankesformulierung aufgedruckt ist, und es entscheidet sich für einen individuellen Text, der ihren Dank ausdrückt.
Wie auch immer Sie dieses Thema sehen oder Ihre Post nach der Hochzeit bewerkstelligen: Das Wichtigste ist zweifellos, dass man das Danken nicht vergisst und dem lieben Gast, der womöglich sogar ein schönes Geschenk mitbrachte, das auch aufrichtig und wertschätzend vermittelt. Nur keine Scheu, wenn es um kreative Formulierungen geht! Sie werden es gut machen und sich keineswegs blamieren. Man fühlt sehr genau, was hinter den Zeilen steckt!

Danke für alles!

Danken zeigt Wertschätzung

Die Hochzeit ist vorbei und die ersten Tage und Wochen vergehen wie im Flug! Mit einem schönen Hochzeitsfoto, bzw. einem geschmackvollen, selbst gestalteten Bilett für die Aufmerksamkeiten, die guten Wünsche und den Besuch zu danken, hat sich längst eingebürgert und ist beinahe genauso selbstverständlich geworden wie die kunstvolle Einladung.
Die Gäste, die auf der Hochzeit waren, freuen sich nicht nur über das hübsche Foto vom Brautpaar in ihrem prächtigen Gewand, dass noch einmal in schriftlicher Form für den Besuch und eventuell für die Geschenke gedankt wird, ist nie verkehrt und ein Zeichen der Höflichkeit, der Dankbarkeit und der Wertschätzung. Unterschätzen Sie die Wichtigkeit dieser kleinen Geste nicht, sie wird die Adressaten bestimmt erfreuen!

Originell oder klassisch?

Wie Sie Ihren Dank ausdrücken, bleibt Ihrem persönlichen Geschmack überlassen. Spartanische Formulierer werden mit einem „Wir danken für die erwiesenen Aufmerksamkeiten anlässlich unserer Vermählung" auskommen.
Wer es detailreicher liebt, wird ein paar handschriftliche Zeilen darunter setzen.
Erlaubt ist längst, den gesamten Text, also auch die Namen, zu drucken, wenn auch trotzdem vieles für eine handschriftliche Unterschrift spricht. Sie zeigt, dass die Karte wirklich persönlich gewidmet wurde und man an den Adressaten dachte, während man mit seinen Namen signierte.

Manchem Paar gefällt es, wenn nicht nur eine kleine Dankesformulierung aufgedruckt ist, und es entscheidet sich für einen individuellen Text, der ihren Dank ausdrückt.
Wie auch immer Sie dieses Thema sehen oder Ihre Post nach der Hochzeit bewerkstelligen: Das Wichtigste ist zweifellos, dass man das Danken nicht vergisst und dem lieben Gast, der womöglich sogar ein schönes Geschenk mitbrachte, das auch aufrichtig und wertschätzend vermittelt. Nur keine Scheu, wenn es um kreative Formulierungen geht! Sie werden es gut machen und sich keineswegs blamieren. Man fühlt sehr genau, was hinter den Zeilen steckt!

Danke-Gedicht

Die ganze Welt sagt „ danke schön!"

Italien sagt „grazie",
„Merci" sagt der Franzos',
auf Spanisch sagt man „gracias",
Und „dankkke" in Davos!

„tack" sagt in Schweden man zum Dank,
„thank you" in Kanada,
„vergelt's Gott" sagen wir Dir heut',
Du bist ganz wunderbar!

Monika Krautgartner

Danke für alles!

„Das schönste Fest wird zu einer unvergesslichen Erinnerung, wenn man Menschen wie Dich zur Seite hat!
Wir bedanken uns von Herzen für Deine Großzügigkeit und dafür, dass Du unser Hochzeitsgast gewesen bist!“

Nina und Norbert

Perfekt

Dankbar und glücklich
erinnern wir uns an unsere
Hochzeit.
Das perfekte Wetter.
Die perfekte Stimmung.
Die perfekte Zeremonie.
Und nicht zuletzt dank Dir
als perfektem Gast
ein perfekter Tag!

Herzlichen Dank für Dein perfektes Geschenk!

LAURA UND EMIL

Danksagungs-Biletts

DANK UND FREUDE!

FÜR DIE ERWIESENEN AUFMERKSAMKEITEN ANLÄSSLICH UNSERER EHESCHLIESSUNG, FÜR DIE GROSSZÜGIG GEFÜLLTE HAND, DIE UNS DEN FINANZIELLEN START ERLEICHTERT, UND FÜR DIE GROSSE FREUDE, DIE DEINE ANWESENHEIT BEIM HOCHZEITSFEST FÜR UNS WAR, MÖCHTEN WIR UNS NOCH EINMAL HERZLICH BEI DIR BEDANKEN!

Sonja und Michael

VORZEICHEN & VOLKSGLAUBE

Vorzeichen, Volksmund und Aberglaube

Natürlich gibt es auch viele bedeutungsvolle Gerüchte, Vorzeichen und ein nicht unbeträchtliches Repertoire an Aberglauben im Nahfeld von Hochzeiten. Unsere Urgroßmütter kannten sie noch alle. Heute verlieren Vorzeichen mehr und mehr an Bedeutung und die sehr junge Generation kennt die meisten gar nicht mehr. Daher haben wir die häufigsten überlieferten Volksweisheiten rund ums Heiraten zusammengetragen. Sie waren treue Begleiter früherer Generationen, und ob sie heute noch Vorsicht oder zumindest beobachtendes Interesse hervorrufen, darf jedes Paar für sich selbst entscheiden – natürlich gern auch mit einem Augenzwinkern!

Nebel

…am Tag der Hochzeit wird als eher schlechtes Zeichen gewertet. Liegt der Hochzeitsmorgen im Neben, ist ein kompliziertes, beschwerliches Leben zu erwarten.

Ein leerer Sessel

…beim Hochzeitsessen sollte vermieden werden. Dort nimmt dem Aberglauben nach der böse Geist Platz. Also Plätze füllen!

Regen

…am Tag der Hochzeit verliert durch seinen gut gemeinten Begleitspruch „Viel Regen, viel Segen" viel von seinem Schrecken. Regen gilt als Glücksbringer.

Storch

…auf dem Dach, wenn die Hochzeitsgesellschaft vorbeifährt: Bedeutet raschen Kindersegen!

Vollmond

…in der Hochzeitsnacht steht für eine glückliche Ehe.

Ein Brautschleier

…der vom Wind in die Luft gewirbelt wird, sollte vermieden werden. Fliegt er durch die Luft, verheißt er Ärger im Eheleben.

Etwas Blaues
...im Ehebett in der Hochzeitsnacht soll seit jeher die bösen Geister abhalten.

Schwalben
...auf dem Dach, im Flug oder beim Vorbeifahren des Auto Konvois zu erblicken verspricht dem Ehepaar Glück in der Ehe.

Dicht aneinander
...sollte das Brautpaar den ganzen Tag über – speziell bei der Trauungszeremonie in der Kirche – sein. Denn nur wenn sie eng aneinander stehen, können sich die bösen Geister nicht zwischen sie drängen.

Haussegen
...als Geschenk wertet das eigene Heim des Paares auf und bewahrt es mit Gottes Hilfe vor Fluch und Schande, Unwetterschaden oder Tod. Ein selbst gefertigter Haussegen (gesticktes Tuch, Bild, Schatulle mit Brot und Salz) ist Zeichen der Wertschätzung des Schenkenden an das Brautpaar und ein Segenszeichen von unschätzbarem Wert.

Bett glatt streichen
Die Braut sollte in der Hochzeitsnacht ihre Hausfrauen-Pflichten schon wahrnehmen und das künftige Ehebett glatt streichen – diese Geste soll Segen verheißen. Klopft sie es, bedeutet dies keine gute Ehe.

Bänder an den Autoantennen
...oder an den Rückspiegeln lassen sich von der Tradition des Brautschleiertanzes ableiten. Dabei wurde der Schleier zerrissen und die abgerissenen Teile galten für die Gäste als Glücksbringer. Man zeigt im Auto-Konvoi zur Kirche oder zum Standesamt auch die Zugehörigkeit zum engsten Verwandten- oder Freundeskreis des Hochzeitspaares.

Myrte
...ist ein wichtiger Bestandteil in den „Kranzln" der Braut und ihrer „Kranzldirndln" und auch der Brautjungfern. Myrte ist ein segensbringendes Symbol.

Mit dem rechten Fuß
...sollen Eheleute die Kirche als erstes betreten. Ein Glück bringender Akt.

Tränen bei der Hochzeit
...in den Augen der Braut machen folgendes Zitat glückbringend: „Lachende Braut- weinendes Weib, weinende Braut- freudiges Weib"

Der Fuß des Ehemannes
...sollte beim Hochzeitszeremoniell niemals auf den Saum des Brautkleids treten. Es heißt, er solle in Folge das ewige Sagen in der Ehe haben.

HOCHZEITSBRÄUCHE RUND UM DIE WELT

Andere Länder, andere Sitten

Dies und das aus aller Welt

Was haben wir nicht alles kennengelernt bei unseren Recherchen für dieses bunte Buch! Todernste Bräuche, sittenstrenge Rituale, religiöse Notwendigkeiten und lustiges Folklore-Brauchtum, das uns selbst neu war und auch immer wieder zu heiteren Begegnungen verhalf.
Hochzeitsbräuche mit Schmunzelpotential fanden wir allerdings nicht nur in Österreich. Ein paar besonders liebenswerte, ausgelassene, regional erklärbare und scheinbar unsinnige Gepflogenheiten rund um den Erdball möchten wir Ihnen nicht vorenthalten, wenn wir dieses ergiebige Themenfeld natürlich auch nur streifen können.

Indonesien

Tanzen und bunte Tücher wehen lassen

Ein farbenprächtiges Schauspiel, das sich über viele Stunden, manchmal gar Tage hinzieht, ist ein Fest, das anlässlich der Übergabe des Brautpreises in Indonesien gefeiert wird. Es wird getanzt, wobei den Tüchern, die auf einer selbst gepflanzten Bananenstaude vor dem Haus der Braut steht, eine wichtige Rolle zukommt. Die Tücher stehen in doppeltem Sinne symbolisch für zwei Elemente: einerseits will der Mann der Frau zeigen, dass er ihre Schönheit bewundert und zum anderen symbolisieren sie sein Versprechen, für ihren Schutz zu sorgen, sie quasi „gut betucht" durch das Leben zu führen.

Die Bananenstaude muss dran glauben

Tänze, Fröhlichkeit und Tücher stehen am Anfang der Feierlichkeiten, gegen Ende hin geht es der Bananenstaude vor dem Elternhaus der Braut an den Kragen. Nachdem die Tücher entfernt wurden, muss der Bräutigam mit seinem „Kis", das ist ein scharfes, großes, gebogenes Kampfmesser, besagte Bananenstaude mit einem einzigen Hieb umschneiden. Das Ende der Bananenstaude symbolisiert auch das Ende der Kinderzeit der Braut im Elternhaus. Und zugleich zeigt es den Bräutigam als starken, durchsetzungskräftigen Mann, der für seine Frau sorgen kann.
Natürlich wird es in den größeren Städten Indonesiens nicht mehr möglich sein, Bananenstauden vor den Häusern zu pflanzen. In ländlichen Regionen, auf den kleinen Inseln, und bei folkloristischen Darbietungen wird traditionell gefeiert wie eh und je.

Iran

Süß wir Zucker

Überall geht es im Wesentlichen bei Hochzeitsbräuchen um das Selbe, ob am Nord- oder Südpol, ob in Europa oder im Orient: die Rituale sollen Glück und Segen verheißen! Im Iran geben Braut und Bräutigam einander eine kleine Fingerspitze Honig zu naschen. Außerdem halten ein paar Frauen ein weißes Tuch über die Köpfe der beiden, während Zucker darüber gestreut wird.

Was diese liebenswerten Rituale zu bedeuten haben, ist unschwer zu deuten: Möge das gemeinsame Eheleben der beiden stets „süß" sein!

Amerika

Klappern, poltern, scheppern

Wer kennt sie nicht, die offenen Limousinen in den romantischen, alten Hollywood-Schinken, in denen das Hochzeitspaar fröhlich in die Flitterwochen entflieht? An der hinteren Stoßstange eine mehr oder weniger liebevoll verzierte Kartontafel mit der Aufschrift „just married", also „frisch verheiratet"? Daran gebunden ebenfalls eine lange Schlange von Dosen, die klappernd und polternd den Zaungästen klar machen, dass hier ein ganz frisches Paar seine Reise ins Glück startet. Manchmal sieht man „just married"-Vehikel auch in unseren Breiten, denn der Lärm, den die auf dem Asphalt aufschlagenden Dosen machen, hat eine wichtige Aufgabe in der Übersetzung aus der Symbolsprache: Er möge böse Geister fernhalten von den beiden, den Geist der Zwietracht allen voran!

Über den Besen springen

Ein aus dem Süden Amerikas stammender Brauch ist es, gemeinsam über einen Besen zu springen und sich somit als verheiratetes Paar zu betrachten. Das vorherige Leben „fortwischen" und ein neues, gemeinsames Leben beginnen ist die heutige Bedeutung hinter dieser Tradtion.

Deutschland

Wer sich die Suppe einbrockt....

Unsere deutschen Nachbarn stehen uns, was die gute Küche betrifft, in nichts nach. Umso verständlicher wird unter diesem Aspekt der häufig zelebrierte Brauch mit dem gemeinsamen Auslöffeln der traditionellen Hochzeitssuppe: ein Teller, zwei Löffel. Die Hochzeitssuppe unterliegt in ihrer Rezeptur der Region, in der sie serviert wird, immer aber ist sie ausgesprochen köstlich und besteht aus vielen schmackhaften Zutaten. Auch die Einlage ist ein Potpourri verschiedenster Schmankerl.

Von nun an nur mehr gemeinsam

Nach der Trauung ist es Gewissheit: von heute an wird wohl jede „Suppe", die das Leben servieren wird, gemeinsam ausgelöffelt! Wie schön, wenn man gleich am Hochzeitstag Gelegenheit bekommt, dieser Tatsache Rechnung zu tragen und „das Auslöffeln" üben kann.

Großbritannien

„Für die Braut etwas Altes, Neues, Geliehenes und etwas Blaues"

Wen wundert, dass der Brauch „für die Braut etwas Altes, Neues, Geliehenes und etwas Blaues" aus der Zeremonien- und Ritenhochburg Großbritannien kommt? Wenn es auch etwas umständlich klingt, all diese Dinge zusammentragen und am Tag der Hochzeit bei sich haben zu müssen, nehmen es die englischen Bräute allerdings dennoch gern in Kauf, verspricht es doch Glück und eine dauerhafte Ehe, wenn man die Gesamtheit einhält. Auch in anderen, nicht nur ehemaligen Kolonialstaaten, finden wir diesen Brauch. „Das Blaue" ist oft ein versteckt getragenes Strumpfband. Es muss auch nicht „tiefblau" oder gänzlich blau sein, eine kleine Verzierung in den Farben des Himmels genügt schon, um dem Brauch entsprechend zu gelten.

Brautstrauß fangen die Damen, Strumpfbänder die Herren

Ein bisschen schmunzelten wir, als wir erfuhren, dass der Bräutigam bei brauchtumspflichtigen Hochzeiten das Strumpfband seiner jungen Ehefrau um Mitternacht herum in die wartenden Reihen der unverheirateten Männer wirft. Wer es „erwischt" ist wohl der nächste Ehekandidat! In unserer Gegend „fliegen" die Brautsträuße den (weiblichen) Gästen zu, in England segeln Strumpfbänder!

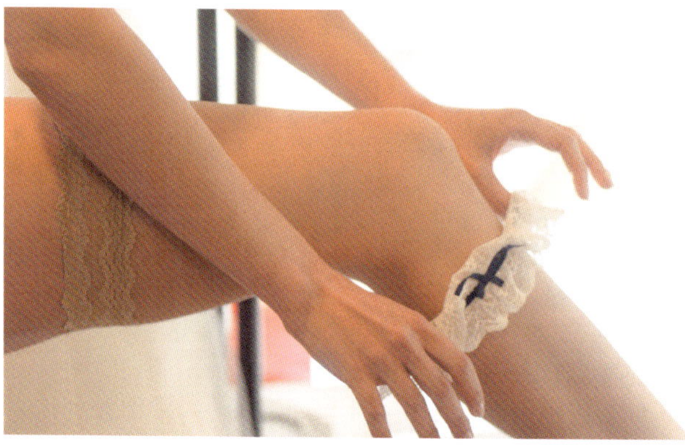

Schweden

Küsschen, Küsschen!

Nur wenige Monate – genau von Jänner bis April - im Jahr ist es im schwedischen Jukkasjärvi möglich, sich in einem extra erbauten Eispalast bzw. Eiskirchlein das „Ja"-Wort zu geben. Mit Hundeschlittenfahrt, Traaungen auch auf Deutsch, einem Hochzeitsessen im Eisrestaurant und einem heißen Getränk als Weckruf am Tag nach der Hochzeit sicher nur eine Sache für coole Brautpaare. Wer es hingegen schwedisch traditionell haben möchte, der sollte schon zeitig vor der Hochzeit beginnen, sich Trinksprüche zu überlegen. Denn die Schweden sind bekannt dafür, alle paar Minuten einen originellen Trinkspruch hören zu wollen. Oftmals engagiert das Brautpaar deshalb schon professionelle Trinkspruch-Schreiber bzw. Sprecher, die diese Sache übernehmen. Und noch was sollte bei einer schwedischen Hochzeit nicht fehlen: der Kranz im Haar der Braut! Er bringt Segen und hebt sie ganz besonders von den anderen Frauen ab.
Wer glaubt, dass die Nordländer unterkühlte Gemüter sind, irrt gewaltig, wie ein kräfteraubender schwedischer Brauch beweist. Wenn der Bräutigam den Hochzeitssaal verlässt, machen sich unverzüglich die männlichen Gäste auf den Weg zur Braut, denn diese darf in diesen „ehemannlosen" Momenten ungeniert geküsst werden. Natürlich ist es in einem Land wie Schweden eine Selbstverständlichkeit, dass das Selbe auch umgekehrt gilt. Verlässt die Braut den Saal, dürfen die Damen der Hochzeitsgesellschaft den jungen Ehemann ebenfalls herzhaft drücken und küssen.

China

Ganz in Weiß...ohje!

In China wäre eine traditionelle Braut sehr unglücklich, müsste sie in Weiß heiraten, ist doch weiß die Farbe der Trauer. Im alten China, aber vielfach auch noch heute, heiraten Bräute in einem roten Brautkleid, symbolisiert doch die Farbe rot Wohlstand, Glück, und Freude. Auch bei den Hochzeitseinladungen, der Dekoration, der Verpackung der Geschenke oder den Geldkuverts dominiert stets die Farbe rot.

Türkei

Hupen im Konvoi

Überaus fröhlich und laut geht es bei den Hupkonzerten türkischer Autokonvois zu. „Ben seni seviyorum. Ich liebe Dich! Wir heiraten“, mag es bedeuten, dass man stolz und lautstark durch Hupen die Aufmerksamkeit auf sich zieht. Bei den Autofenstern hängen hübsche Tücher heraus, manchmal Geschirrtücher, bestickte Handtücher und Haushaltswäsche. Dieser Brauch geht von den Brautmüttern aus, die zeigen, was in den vielen Jahren vor der Hochzeit an kostbarer Tisch- und Bettwäsche für die Tochter angefertigt wurde. Ein Blumen geschmückter Autokorso, laut, fröhlich, lebendig, und längst hat dieser Brauch auch in Österreich Einzug gehalten.

Russland

Zauberer und böser Blick

Russland, dieses weitläufige Reich voller Geheimnisse, Geschichten und Mythen, kam in früherer Zeit bei Hochzeiten nicht ohne Zauberer aus, der in erster Linie für kleine Rituale gegen „den bösen Blick“ zuständig war. Das Brautpaar und auch die Hochzeitsgesellschaft musste davor beschützt werden, damit alles gut geht beim Heiraten und auch später. Heute hat diese Beschützerrolle weitgehend der Brautführer und Zeremonienmeister über, und der „böse Blick“ ist Gottseidank auch nicht mehr das, was er einmal war.

Reichtum durch Hafer- und Hirsedusche

In früheren Zeiten wurde das junge Brautpaar am Ort der Hochzeitsfeier am Eingang immer von der Schwiegermutter erwartet, die den Sohn und die Schwiegertochter mit Hafer und der Hirse bestreute. Das sollte dem jungen Paar Reichtum und Schutz bescheren. Heute werden meist Blütenblätter dazu benutzt, was das russische Hochzeit-Ritual besonders bunt und schön macht.

Korea

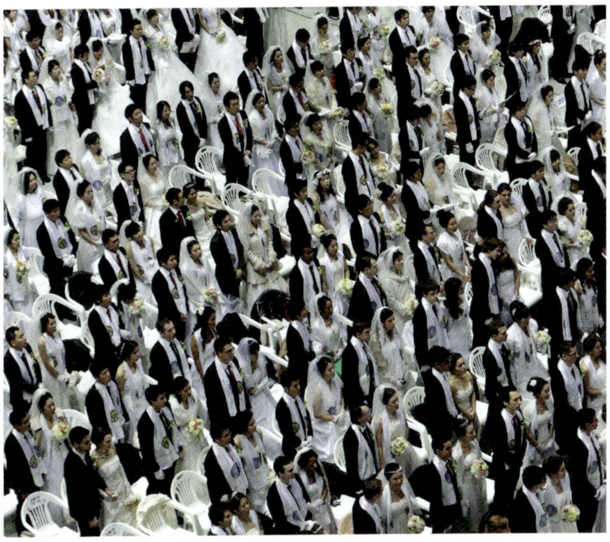

In Bausch und Bogen

Wenn die klassische koreanische Hochzeit auch anders aussieht – in allen asiatischen Ländern ist die Großfamilie unverzichtbar und eine „kleine" Gesellschaft fast nicht denkbar – möchten wir Ihnen das folgende Bild einer koreanischen Massenhochzeit nicht vorenthalten. Unmöglich auf den ersten Blick zu sagen, wie viele Paare man hier in „romantischem" Umfeld sieht. Was die Brautleute wohl empfunden haben, als sie aufgestellt in „Reih und Glied" in einem Aufwaschen, wie man sagt, vermählt wurden?

Frischer Fisch, frisches Glück

Nicht zu glauben, was es alles gibt! In Korea gibt es einen Brauch, der ganz schön schmerzhaft und auch streng im Geruch ist. So werden dem Bräutigam nach der Feier Schuhe und Socken ausgezogen, die Füße mit einem Band zusammengeschnürt, um die nackten Fußsohlen anschließend unter kräftigen Anfeuerungsrufen und herzhaftem Gelächter mit einem rohen Fisch zu schlagen! Was es mit dem Brauch auf sich hat, ließ sich beim besten Willen nicht eruieren, nur so viel erklärte man uns, dass es nur die nackten Füße des Bräutigams abkriegen mit dem Fisch, und dass es in der modernen Zeit mehr und mehr auch ein Holzstab sein darf, dass ein paarmal niedersaust. Der Gedanke, dass koreanische Bräute hart im Nehmen sind, ist zulässig, der geruchsfreie Fisch ist sicher ein Wunschdenken. Dass der Brauch wahrscheinlich weder die Freuden des Ehestandes andeutet, noch Lust und Schönheitssinn beflügeln wird, darf man annehmen. Wir erlauben uns daher, den Fisch in das Zentrum des ausgeübten Brauches zu rücken, und der Fisch steht in vielen asiatischen Kulturen (ähnlich wie bei uns das Schwein) für Glück und Reichtum.

Kenia

Wenn der Papa spuckt…

Das wäre nicht für uns Europäer: wenn beim Stamm der Massai in Kenia eine Tochter die Hochzeit beabsichtig, ist es ehrende Tradition, dass der Vater erst seine Tochter segnet und ihr im Zuge dessen Milch auf ihren Kopf und ihre Brust spuckt. Erst dann darf sie sich auf den Weg zu ihrem Zukünftigen machen. Doch wehe, sie dreht sich beim Weg aus dem Dorf noch einmal um: dem Aberglaube nach, würde sie sich sofort in Stein verwandeln.

Kongo

Geschenke, Tänze und viel Familie

Ohne die Großfamilie geht bei einer traditionellen kongolesischen Hochzeit gar nichts, und ohne vorheriges traditionelles Hochzeitsritual wird nicht aufs Standesamt oder zur Kirche gefahren. Auf diese verkürzte Formel darf man sich auch in modernen Zeiten wie heute noch stützen, wie uns glaubhaft erzählt wurde. Am Tag der Hochzeit macht sich der Bräutigam mit jenen Geschenken, die ihm per Liste von der Brautmutter im Vorhinein übergeben wurde auf den Weg zum Haus seiner Liebsten. Begleitet wird er von seiner gesamten Familie, die ihm die Rücken stärkt und auch noch eine wichtige Rolle bei der Begegnung mit den zukünftigen Schwiegereltern hat. Einer der männlichen Verwandten stellt den jungen Bräutigam den Eltern seiner Braut vor und weist auf seinen guten Charakter und seine Vorzüge hin. Ein anderer wiederum bieten die Brautgeschenke an, die üblicherweise großzügiger ausfallen müssen, als auf der Brautliste stand.
Es spricht immer ein älterer Verwandter, denn der Bräutigam gilt noch nicht einmal als „richtiger, vollwertiger" Mann, solange er nicht verheiratet und Familienernährer ist.
Sind Vorstellung und Geschenkeübergabe vorbei, bietet der Bräutigam dem Vater der Braut ein Getränk an. Er nimmt es an, wenn ihm die Tochter signalisiert, dass sie das gut findet.

Mit dem Segen des Vaters

Auch heute erbittet die Braut noch den Segen ihres Vaters, und dieser fragt sie gewissenhaft, ob sie sich alles gut überlegt hat und ob sie den Bräutigam auch wirklich will. Meist kniet die junge Frau vor ihrem Vater, der sie daraufhin mit seinem Segen und vielen guten Wünschen ziehen lässt.
Anschließend gibt es ein fröhliches, buntes, herzliches Fest im Haus der Braut.
Eine kongolesische Hochzeit ohne die Zustimmung der Familie ist selbst heute noch kaum denkbar, wurde uns versichert.

Kirgisien

Hüte, Tränen und Maultrommeln

Ein sehr unangenehmer, längst nicht mehr zeitgemäßer, wenn auch noch vorkommender Brauch ist es in Kirgisien, die Braut zu entführen und so zur Heirat zu zwingen. Früher gang und gäbe, heute ein nicht mehr erwünschtes kriminelles Delikt, zu Recht, wie wir meinen.

Dass die Bräute heutzutage trotz der inzwischen erwünschten Heirat mit dem Mann der Träume traurig, ernst oder verweint schauen am Hochzeitsmorgen, hat mit einem anderen Brauch in der zentralasiatischen Republik zu tun. Wenn die Braut aus dem Haus der Eltern abgeholt wird, fängt sie pflichtgetreu bitterlich zu weinen an. Als gute Tochter zeigt sie so den Respekt vor ihren Eltern, die sie aufrichtig liebt und schon jetzt vermisst.

Die Eltern trösten ihre Tochter daraufhin wortreich, und setzen ihr die kirgisische Kopfbedeckung für die Hochzeit, den ‚Schökülö' auf. Zumindest am Land, wo die Traditionen noch sehr gewissenhaft praktiziert werden.

Anschließend verabschieden sich die Familie, die Nachbarn und Verwandten, sie geben der Braut ihren Segen und sprechen ihr Mut zu.

Bei kirgisischen Hochzeiten wird viel gesungen und musiziert. Kirgisien ist die Wiege der Maultrommel, alle Zeremonien, Feste und religiösen Riten werden von Maultrommelspielern begleitet.

Italien

„Viva la Sposi!"

Die Italiener sind für ihr Temperament bekannt und genau so temperamentvoll sind auch ihre Hochzeitsgepflogenheiten. So ist es etwa ein alter italienischer Brauch, beim Brautwerben ein Holzstück vor die Tür der Angebeteten zu legen. Die Braut weiß dieses Signal zu deuten und nimmt als Zeichen der Zustimmung das Holzstück mit ins Haus. Lässt sie es draußen liegen oder schmeißt es gar in hohem Bogen weg, bedeutet es eine klare Absage an den Mann. Aus Sizilien kennt man den alten Brauch, dass die Braut sich den eben vom Bräutigam angesteckten Ring noch einmal abnimmt, um ihn dann, als Zeichen der eigenen, bewussten Entscheidung, selbst wieder anzustecken. Und ein in ganz Italien gelebter und bis heute gepflegter Brauch ist es, dass die Hochzeitsgäste während der Hochzeitsfeier immer wieder laut „Viva la Sposi" – „Es lebe das Brautpaar" rufen. Was dem Hochzeitspaar eine laute Aufforderung ist, sich vor allen zu küssen. Und weil's so unheimlich schön ist, wenn Frisch-Vermählte sich küssen, so kann es durchaus sein, dass „Viva la Sposi" einige hundert Male an diesem Tag ertönt.

Hawaii

Hochzeit mit Schmetterlingen

Von wegen: Hochzeitsbläser gibt´s nur in Österreich. Auch in Hawaii kennt man eine spezielle Hochzeitsmusik. Ein Seemuschel-Bläser kündigt hier die Ankunft der Braut an und der als „Pu" bekannte Laut dieses Meeres-Instruments ist sogar weithin über verschiedene Inseln zu hören. So wissen auch umliegende Dörfer, dass eine Hochzeit gefeiert wird. Der Muschelbläser wendet sich bei seinem schönen Spiel auch traditionell in alle Himmelsrichtungen, um im Norden die Ahnen zu ehren, im Osten den schlafenden Vulkan Haleakala, im Westen das ewige Meer und im Süden das Hochzeitspaar selbst zu ehren. Mit einem lauten „Aloha" darf es die Liebe empfangen. Außerdem erhält jeder Hochzeitsgast eine Schachtel mit Schmetterlingen, denen er – bevor er sie freilässt – ganz geheim einen Wunsch zuflüstert. Laut hawaiianischem Glauben, sollen die Schmetterlinge alle diese Wünsche nur jenen erfüllen, die sie freilassen.

Griechenland

Aller guten Dinge sind drei…

Eine Woche kein Kontakt lautet die griechische Hochzeitsregel, die ein Paar zu befolgen har, ehe es heiraten darf. Es würde anscheinend Unglück bringen, die Braut in der Woche vor der Hochzeit zu treffen. Der Dreifaltigkeit zur Ehre wird eine griechische Hochzeit der Zahl Drei gewidmet: so soll das Paar gleich dreimal den Ringtausch vollziehen, dreimal um den Altar schreiten und dreimal aus dem Weinkrug trinken.

Rumänien

Jungfrauen-Namen am Schuh

Um ihren unverheirateten Freundinnen zu einem Mann zu verhelfen, schreibt eine rumänische Braut traditionell deren Namen auf die Schuhsohle ihres Hochzeitsschuhs. Während dei Hochzeit steht das Paar außerdem auf einem mit Münzen ausgelegten Teppich, um Glück und den Wert der Ehe zu symbolisieren. Will eine rumänische Braut schließlich um Segen für die Ehe bitten, verspritzt sie Rosenwasser zum Heraufbeschwören der guten Geister auf der Türschwelle oder verstreut Salz in alle Himmelsrichtungen.

Bulgarien

Essen bis man platzt, trinken ohne Ende

Die Bulgaren haben einen wichtigen Brauch: Essen! Es gibt so viel, dass die ganze Hochzeitsgesellschaft gleich zweimal davon essen könnte, dass noch viel, sehr viel übrig bleibt und viele der Gäste etwas mit nach Hause nehmen können. Wer nicht auftischt, bis alle Gäste fast platzen, ist kein guter Gastgeber! Außerdem werfen die Trauzeugen Glücksbringer von hinten über das Brautpaar. Durch das über die Köpfe werfen soll gewährleistet werden, dass das Brautpaar von Anfang an von allem Nötigen genug hat. Die Glücksbringer beinhalten eine Münze, Korn und ein Bonbon, eingehüllt in feinen Tüll-Stoff. „Damit das Leben reich und süß ist" lautet das Credo der Gesellschaft. Alle Gäste heben sich diese Säckchen auf und nehmen sie als Erinnerung mit nach Hause. Auch ein Ritualbrot wird von den Brautmüttern gereicht, sie brechen ein Stück ab, tunken es in süßen Honig und füttern damit das Paar. Das Brot steht dabei für die ewige Gastfreundschaft im Haus der Eltern und versehen mit ein bisschen Salz wird die Würze des Lebens symbolisiert. Kaum davon gegessen, müssen die Eheleute Sekt trinken und so lange zu prosten und trinken, bis alle davon getrunken haben. Schließlich folgt auch noch der typisch bulgarische Schnaps, „Schopska" und „Rakia", ohne den kein Essen in Bulgarien begonnen wird. Und schon beim Essen folgt der nächste Brauch: das Rotwein trinken mit verschränkten Armen, das ebenfalls Glück bringen soll. Und Sie werden es nicht glauben: auch der Hochzeitskuchen folgt dann noch. Er wird um Mitternacht gegessen und man reicht traditionell noch einmal Sekt dazu. Eine füllende, feucht-fröhliche Angelegenheit, so eine Hochzeit in Bulgarien…

Tschechien

Ein Ständchen in Ehren

„Der Himmel hängt voller Geigen"...ob dieses schöne, auf die Liebe bezogene Sprichwort etwas mit einem tschechischen Hochzeitsbrauch zu tun hat? Zumindest wäre es vorstellbar, denn bei unseren Nachbarn im Norden ist es üblich, dass die Braut am Morgen von einer kleinen Gruppe Musikanten abgeholt wird, die den ganzen Tag über nicht von ihrer Seite weichen und für die Braut, bzw. das Brautpaar spielen. Dass man dadurch vielleicht ein bisschen genervt ist dann und wann, erklärt vielleicht ein weiterer schwungvoller Brauch: das Brautpaar zerschmettert geräuschvoll gemeinsam einen Teller vor dem Essen! Scherben bringen also nicht nur in Österreich Glück, diese Symbolik findet sich auch in vielen anderen Ländern.

Indien

Kinder für die Inder

Indische Hochzeiten sind prunkvoll und farbenfroh. Und die Schwiegermutter hat eine wichtige Rolle, ohne sie geht gar nichts. Dass der Kindersegen eines der zentralen Themen einer indischen Hochzeit ist, zeigt anschaulich ein besonders liebenswerter Brauch. So wird der jungen Braut während der Vermählung bei der Anrufung der Fruchtbarkeitsgöttin für ein paar Augenblicke ein kleines Kind auf den Schoß gesetzt. Das soll gewährleisten, dass sie selbst auch bald guter Hoffnung sein wird und ebenfalls ein Kind bekommt.

Japan

Kommt eine Ehemann geflogen...

Während man in unseren Breiten eine gute Schneelage bestenfalls mit Winterurlaub, Schifahren und Sackrutschen in Verbindung bringt, hat sie in Japan aus noch ganz anderen Gründen eine wichtige Bedeutung.
In der japanischen Provinz Niigata werfen Hochzeitsgäste und Nachbarn frisch getraute Ehemänner unter großem Gelächter von einem Steilhang in den Schnee. Dabei handelt es sich um einen Jahrhunderte alten Brauch, der besagt, dass der „Ehemann-Weitwurf" Glück bringen soll.
Freilich geht es nicht überall zu herzhaft zur Sache, denn zum Einen fehlt in vielen Gegenden schlicht und einfach die Schneedecke zur Ausübung des Ehemann-Weitwurfes, und zum Anderen sind im modernen Japan nicht mehr alle Paare so traditionsbewusst, um diese „wilde" Werferei aufzuüben. Mancherorts segeln die Männer trotzdem noch durch die Luft. In der kleinen Ortschaft Matsunoyama wird zum neuen Jahr das Bräutigam-Werfen „mukonage" in unveränderter Beliebtheit vollzogen. Kein alltäglicher Anblick, ein durch die Luft fliegender junger Gatte!
Die Verletzungsgefahr ist trotz der spektakulären Ausgangssituation dennoch gering. Wenn der Steilhang in Matsunoyama auch rund fünf Meter hoch ist, landet das frisch verheiratete „Flugopfer" weich in hoch aufgetürmten Schneebergen. Zudem gräbt ihn nach der Landung seine frisch angetraute Ehefrau höchst persönlich aus und wird nach so viel Heldentum sicherlich nicht mit Lob und Zärtlichkeit sparen.

sie allein...

Die Liebe ist es,
die Liebe,
letztendlich und ausschließlich
immer wieder die Liebe,
die uns
schön macht,
stark macht,
Menschen werden,
und Menschen sein lässt.

(Monika Krautgartner)

PROMINENTE PAARE ÖSTERREICHS

Ingrid und Franz Pernkopf

Liebe geht durch den Magen. Das Ehepaar Pernkopf braut seit Jahrzehnten gemeinsam ein Süppchen.

„Es hat begonnen, wie es halt immer beginnt", erzählt die Fernsehköchin und Traunseewirtin Ingrid Pernkopf mit einem spitzbübischen Lächeln, „ich habe ihn gesehen, den Franz, und hab' mich unsterblich verliebt!" Weil die Liebe gar so tief ging und man einfach spürte, sie würde für ein ganzes Leben halten, wurde bald darauf geheiratet.
„Mein Mann hatte ja das Hotel, die Zimmer, die Gäste, Tauffeiern, Hochzeiten, na ja, da war und ist natürlich im Sommer Hochbetrieb", sagt Ingrid Pernkopf, „darum wählten wir für die eigene Hochzeit den November, die Zeit außerhalb der Gasthaussaison."

Oh weh, es ging ziemlich in den Graben!

Was als gute Idee seinen Anfang nahm, endete beinahe im Chaos, denn der schönste Tag für Ingrid und Franz entpuppte sich als einer der schneereichsten! Es begann um sechs Uhr früh heftig zu schneien, um neun Uhr sah man kaum mehr die Hand vor den Augen.
Dann schlitterte auch noch ein Hochzeitsgast mit dem Auto in den Straßengraben, stand im schönen Festtagsgewand zitternd am Straßenrand, bis ihn ein hilfsbereiter Landwirt aus der Nachbarschaft mit dem Traktor herauszog. Viele andere Gäste kamen ebenfalls nicht weiter, weil hängengebliebene LKW die verschneiten Straßen blockierten.

„Aber mein Mann ist ja ein toller Organisator, und weil die Fahrerei ein derartiges Fiasko war, organisierte er kurzerhand einen Bus, der unsere Gäste einsammelte und zum Wirt chauffierte!", streut Ingrid Pernkopf ihrem Franz Rosen. Mit leichter Verspätung ging's los.

Der Pfarrer wusste mehr als ich!

Getraut wurden die jungen Leute von Monsignore Hans Kierner, der Franz von Klein auf kannte und sogar sein Religionslehrer gewesen ist. „Er hat die Hochzeit überaus herzlich und persönlich gestaltet, stre-

ckenweise direkt lustig", erinnert sich Ingrid Pernkopf, „und er hat ein paar ganz schön saftige Anekdoten aus der anscheinend recht bewegten Jugend meines Mannes zum Besten gegeben. Da habe ich selbst gestaunt, denn das meiste habe ich gar nicht gewusst!"
Doch es waren natürlich verzeihbare kleine Lumpereien, wie sie von echten Traunsee-Männern fast erwartet werden.

Trachtenhochzeit und Partyspiele

Geheiratet haben die beiden in Tracht, und Ingrid Pernkopf ist stolz darauf, dass sie ihr Hochzeitsdirndl, wenn auch ein bisschen abgeändert, immer noch tragen kann. Da die Hochzeitsgesellschaft mehr oder weniger eingeschneit war und die meisten Gäste kurzentschlossen beim Wirt um ein Zimmer fragten, war die Feier sehr romantisch und ausgelassen. Eingebettet in eine zauberhafte Schneelandschaft zeigte sich das Salzkammergut von seiner schönsten Seite.
„Es gab jede Menge fröhlicher Spiele und lustige Showeinlagen von den Freunden, Geschwistern und Mitarbeitern", erzählt Ingrid mit fröhlichem Blick. Ein Überraschungsfeuerwerk um Mitternacht spiegelte sich in den Kristallen des Schnees wie ein Teppich aus bunten Edelsteinen. Eine Kulisse wie in einem Märchen!

Schock und Tränen im Schlafzimmer

Müde und erschöpft zog sich das junge Brautpaar spät nachts zurück und wollte nur noch schlafen. Ingrid betrat das Schlafzimmer und schon flossen die Tränen! Nicht etwa, weil ihr hübscher Ehemann ohne seinen Anzug eine Enttäuschung gewesen wäre, nein! Etwas ganz anderes hatte sie im Visier und konnte den Anblick kaum fassen.
Die „guten Freunde" hatten, wie es vielerorts der Brauch ist, heimlich das Bett komplett zerlegt und alle Einzelteile weiß der Kuckuck wo verstaut. So bestand die erste gemeinsame Handlung in der Hochzeitsnacht aus Tischlerarbeiten und Möbel zusammenstellen.
Wie man sieht – das Ehepaar Pernkopf ist schon einige Jahrzehnte lang glücklich verheiratet – war das trotz allem ein sehr guter Start ins gemeinsame Leben!

***Ingrid Pernkopf** lebt in Gmunden, der weithin bekannte Familienbetrieb am Traunsee ist das Landhotel Grünberg, sie leitet eine Kochschule, ist als Fernsehköchin bekannt und schrieb bereits zahlreiche Kochbuch-Bestseller.*

Birgitt und Roland Girtler

Eine Liebe die ewig jung bleibt

„Meine Schöne“ nennt Professor Roland Girtler seine Birgitt (ehemalige Volksschuldirektorin) heute noch wertschätzend und liebend. „Ihr hab ich so vieles zu verdanken“, sagt er immer wieder zwischen den Zeilen. Während seines JUS-Studiums, genauer, nach seinem zweiten Staatsexamen, war die heutige Ehefrau des wohl berühmtesten Kulturforschers Österreichs im vierten Monat schwanger. Er grinst: „Wie es ich damals gehörte, fragte mich ihr Vater ganz direkt: ‚Ich nehme an, Sie wollen meine Tochter jetzt zur Frau nehmen?′ – Na, was außer ‚ja′ kann man da sagen?“ Am 25. Juli 1964 haben sich die beiden schließlich da „Ja“-Wort gegeben.

Stundentenhochzeit ohne Schnickschnack

„Meine Hochzeit war eine Studentenhochzeit. Meine Frau, ich liebe sie heute noch, heiratete in einem schönen weißen Kleid. Sie war herrlich anzusehen“, lächelt der ewige Schelm. „Dabei hatten wir keinen Schnickschnack wie heute üblich, sondern einen normalen Wirt, ein normales Essen und eine normale Hochzeit und wir sind noch immer verheiratet.“ Geheiratet wurde schließlich in der gotischen Kirche Maria am Gestade im 1. Bezirk Wiens. Der Pfarrer hielt eine feurige Rede. „Meine Freunde waren dabei, mit ihnen und den Verwandten feierten wir im Extrazimmer eines Bierlokals das Ereignis“, so der vagabundierende Kulturwissenschaftler. Zur dritten Staatsprüfung JUS kam es danach nicht mehr.

Ein schwerer Unfall veränderte die Sicht aufs Leben

„Nach einem schweren Unfall verbrachte ich vier Monate im Krankenhaus. Dort beschloss ich, das Jusstudium aufzugeben und Kulturanthropologie, Urgeschichte, Soziologie usw. zu studieren." Und Professor Girtler sieht es bis heute als keine Selbstverständlichkeit, dass seine Ehefrau jede von ihm getroffene Entscheidung immer mitgetragen hat. Er erzählt weiter: „Ich war dann sehr fleißig, machte Forschungen in Indien, bei Ganoven, bei Bauern, Wilderern, den Landlern in Siebenbürgen usw. und wurde Assistent an der Universität Wien und schließlich Professor ." Er weiß noch heute, dass er jede berufliche Bemühung auch für seine Frau unternommen hat. „Meine Frau hat es nicht leicht mit mir. Sie ist ein phantastischer Mensch", gerät er ins Schwärmen und scherzt trotzdem: „Meine Frau steht für mich noch über dem lieben Gott, denn der liebe Gott weiß alles, meine Frau weiß alles besser." Heute freuen sich die beiden Eheleute über zwei Kinder, acht Enkelkinder und einen Urenkel. Und während des Gesprächs mit dem Professor und seiner Frau, das zu diesen Zeilen führte, naschte der Girtler-Opa heimlich am Pudding der Enkelkinder….seine Frau schimpfte, lachte und man konnte die selbstverständliche Liebe der beiden durchs Telefon spüren.

Roland Girtler *(* 31. Mai 1941 Wien-Ottakring) ist ein österreichischer Soziologe und Kulturanthropologe. Er ist Vertreter der „verstehenden" Soziologie nach Alfred Schütz und hat sich der qualitativen Sozialforschung verschrieben. Er ist u. a. Mitglied der Österreichische Gesellschaft für Ur- und Frühgeschichte, bei der österreichischen Studentenverbindung Corps Symposion, des Österreichischen Alpenvereins, der Naturfreunde und der Anthropologischen Gesellschaft in Wien. Roland Girtler ist außerordentlicher Universitätsprofessor am Institut für Soziologie der Universität Wien (Institutsmitglied seit 1972). Zwischen 1973 und 1975 lehrte er an der Universität München. Seit 2000 leitet er das Museum „Wilderer im Alpenraum – Rebellen der Berge" in St. Pankraz bei Hinterstoder, Oberösterreich. Er selbst bezeichnet sich selbst mit Vorliebe als vagabundierender Kulturwissenschafter, Feldforscher und Scholar in Gottes Weltuniversum und ist alleiniger Autor von mehr als 40 Büchern und noch wesentlich öfter Mitautor zahlreicher Werke sowie Kolumnist der Krone-Bunt. Roland Girtler ist Träger des Österreichischen Ehrenkreuzes für Wissenschaft und Kunst I. Klasse.*

Maggie Entenfellner und Rainer Radlinger

Der Blitz traf bei der Sonnenfinsternis

Bei den einen flattert´s im Bauch, bei den anderen pocht´s im Herzen wenn die Liebe auf den ersten Blick zuschlägt! Bei „Krone"-Tierecken-Lady und ORF-Moderatorin Maggie Entenfellner und ihrem heutigen Ehemann Rainer Radlinger war es die Sonnenfinsternis, die den ersten Blick in die Augen des anderen zu einem ewigen Moment machte. Es war der 11. August 1999 als die Journalistin ihren Anwalt zum ersten Mal sah. „Vier Tage danach bin ich bei ihm eingezogen", schmunzelt sie heute.

Der Antrag folgte prompt

Und schon ein paar Monate später musste und durfte sie sämtliche Sehenswürdigkeiten der ewigen Stadt Rom besichtigen: „Weil Rainer nach der perfekten und romantischen Kulisse für den Heiratsantrag suchte und dank tausender Touristen nicht fündig wurde", weiß sie heute den Grund für den romantischen Gewaltmarsch. Und es sollte wohl so sein: Als ehemalige Flugbegleiterin bekam sie den für sie unerwarteten Antrag am Heimflug über den Wolken und vorne im Cockpit sitzend. Magisch: „Es war genau jenes Flugzeug in dem ich meinen ersten Flug absolvierte", so Entenfellner. Und ihrem Liebestempo des Kennenlernens sind die

Entenfellner-Radlingers treu geblieben. Denn schon drei Tage später hatte die zukünftige Braut ihr Kleid und den Termin im Schloss Grafenegg.

Zu 100 Prozent sicher

„Eigentlich war ich nie heiratswütig", lacht sie heute, „doch ich wusste immer, dass ich zu 100 Prozent sicher sein will, wenn ich ja sage. Und dieses Gefühl hat sich bis heute bestätigt", so die Tierliebhaberin. Die als Überraschung bei ihrer Hochzeit ihr geliebtes Pferd geliefert bekam, dass sich zum Gelächter der Gäste gleich über den Brautstrauß hermachte. Und ganz bodenständig und traditionell wie im schönen Niederösterreich üblich, bekamen auch alle Gäste die in der Region üblichen Hochzeitskekse als Gastgeschenk mit nach Hause.
Beide würden rückblickend ihre Hochzeit genau auf diese Art wieder erleben wollen!

„Nach 15 Jahren Ehe bin ich mir jeden Tag bewusst, dass eine solch glückliche Ehe und Partnerschaft keine Selbstverständlichkeit ist."

Maggie Entenfellner *kam 1968 in Niederösterreich zu Welt. Ihre Kindheit verbrachte sie mit ihren vier älteren Brüdern großteils am Bauernhof der Großeltern. Dort entfachte ihre große Liebe zu Tieren. Nach der Matura wurde sie bei „Lauda Air" Flugbegleiterin und machte Karriere. 1999 holte sie Hans Dichand in die Kronenzeitung, wo sie das Tierressort übernahm und zeitgleich den Verein „Freunde der Tierecke" gründete. Bei der Sonnenfinsternis, am 11. August 1999 lernte sie Anwalt Rainer Radlinger (Kosch&Partner) kennen. Die Liebe auf den ersten Blick wurde am selben Tag nur ein Jahr später am Standesamt beglaubigt. 2003 wurde Töchterchen Lia Marie geboren. Von 2007 bis 2012 folgte die ORF Sendung „Tierzuliebe". Seit 2012 ist sie Moderatorin der erfolgreichen Wochensendung „Zurück zur Natur". Sie ist dreifache Buchautorin. Für ihr Engagement im Tierschutz wurde sie mehrfach ausgezeichnet.*

Marietta und Walter Ablinger

Grenzen sind da, um überwunden zu werden! Leistungssport und die Familie sind sein Weg

„Walter und ich haben uns jung kennen gelernt", erzählt Marietta, die Frau des Leistungssportlers und Paralympicsiegers, „und unsere Beziehung zeichnet sich nicht zuletzt durch die ungewöhnlichen Begebenheiten in unserem Leben aus."
Schon der Heiratsantrag kam überraschend zustande. „Walter leistete als UNO-Soldat seinen Friedensdienst auf Zypern. Zwei Jahre lang war er auf dieser Insel. Ich besuchte ihn dort, wir hatten uns sechs Monate nicht gesehen. Man kann sich wohl vorstellen, was das für eine junge Liebe für eine endlos lange Zeitspanne ist!", erinnert sich Marietta schmunzelnd. „Überwältigt vom Wiedersehen fielen wir uns am Flughafen von Larnaca in die Arme und Walter stellte diese eine Frage, auf die wohl jedes verliebte Mädchen hofft.

„Willst du meine Frau werden?"

Walter erinnert sich ebenfalls:
„Wir feierten mit meinen UNO-Kameraden, hatten großen Spaß und ein Spanferkel gab es obendrein. 1996 war das, ich weiß es noch genau!"
Anschließend verbrachten die beiden zwei herrliche Wochen in Ägypten, bevor Marietta heim ins Innviertel, und Walter zurück nach Zypern reiste.
Die standesamtliche Trauung fand nach Walters Rückkehr im engsten Familien- und Freundeskreis statt. Die beiden sind ausgesprochene Countrymusik-Fans, und so war es nicht verwunderlich, dass die lustige kleine Gruppe in die Westernstadt nach Pullmann-City feiern fuhr. Natürlich mit dem Auto und nicht mit der Postkutsche oder dem Pferdegespann!
Die Liebe zum Wilden Westen und zur Countrymusik zieht sich wie ein roter Faden durch das Leben der beiden. Als Walters Beine dabei noch mitspielten, waren er und Marietta leidenschaftliche und temperamentvolle Square-Dancer! Pullmann-City ist auch heute noch ein beliebter Ausflugsort für die inzwischen deutlich größer gewordene Familie!
Der standesamtlichen Trauung sollte ein Jahr später die kirchliche folgen. Die Einladungen waren „draußen", die Musik bestellt, und das zweite Hochzeitskleid war gekauft. (Zwischen dem ersten und zweiten Hochzeitskleid lag erfreulicher Weise die Geburt der ersten Tochter)

Plötzlich war nichts mehr wie vorher

Kurz vor dem großen Tag erlitt Walter einen schrecklichen Arbeitsunfall, der den Hochzeitstermin wie eine Seifenblase platzen ließ. Für kurze Zeit stand das Leben still. Das Schicksal greift wahllos in das Leben der Menschen ein, eine Erklärung gibt es dafür nicht. Und wenn auch das Rückgrat des Ausnahmesportlers Walter Ablinger gebrochen war, weder sein noch Mariettas Herz hatte einen Sprung erlitten und die Liebe war unverwundbar und groß wie eh und je.
Als es die Gesundheit von Walter wieder zuließ, wurde geheiratet, und zwar überaus fröhlich und in großem Stil! Die Vorbereitungen waren sehr traditionell, es wurden von den Freundinnen der Braut Türkränze gebunden, und Böllerschüsse weckten Marietta zeitig. Fast wäre es allerdings zu einer kleinen Katastrophe gekommen, aber eben nur fast, darum können die Ablingers heute schon sehr darüber lachen.

„Unsere kleine Tochter durfte das Ringkissen mit den Ringen tragen", erzählt durch die Erinnerungen strahlend Marietta, „und wir ermahnten sie mehrmals eindringlich, nicht mit den Befestigungsbändern herumzuspielen. Doch welches Kind kann schon immer brav sein, an einem Tag wie diesem? Natürlich gingen

die Bänder auf, und natürlich kullerten unsere kostbaren Eheringe den Berg hinunter!"
Der Zugang zur Maria-Hilf-Kirche in Passau ist sehr abschüssig, und die Ringe hüpften in immer höherem Tempo Richtung Kanalgitter. Die Aufregung war groß. Doch niemand hatte mit der Schnelligkeit und Wendigkeit der beiden Schwiegermütter gerechnet! Bevor die unabdingbaren Eheringe für alle Zeiten durch das Kanalgitter entwischen konnten, hatten die beiden flotten Schwiegermütter sie eingeholt und hielten sie wie Trophäen fest! Um nichts in der Welt hätten sie zugesehen, dass die Hochzeit womöglich noch einmal aufgeschoben werden muss! Es waren wirklich nur mehr Zentimeter bis zum endgültigen Untergang der Ringe im bayrischen Kanalsystem gewesen!
Die Trauung selbst nahm ein Jugendfreund der Familie vor und es kamen so viele, die den beiden alles Glück der Welt wünschten! Vor der Kirche standen sie, die Freunde, die Musikkapelle Rainbach und der Motorradclub, die ihre Maschinen aufheulen ließen - dem Brautpaar zu Ehren.

1000 Gäste, 1000 Träume, 1000 gute Wünsche...

Rund 1000 Gäste feierten mit Marietta und Walter Hochzeit, der „Pragrader" schwitzte und war zwar schwer gefordert, hatte aber alles im Griff! Alle waren sie gekommen, alle, selbst die ehemaligen UNO-Kollegen, die aus ganz Österreich anreisten, um dabei sein zu können.
Als die Feier sich ihrem Ende zuneigte, wurde es noch einmal ruhig und besinnlich, denn man verabschiedete das junge Paar mit einer sehr gefühlvoll vorgetragenen Variante des Brautliedes. Nicht nur bei den Brautleuten sah man in diesem schönen Augenblick die Augen verdächtig glitzern. Ein Moment für die Erinnerung, unvergesslich mit ganz viel Liebe ins Herz hineingeschrieben.
Walter und Marietta Ablinger sind nun schon viele Jahre ein glückliches Paar. Die Familie ist mit den Jahren deutlich gewachsen, und die beiden sind die stolzen Eltern von drei wundervollen Töchtern.
Wenn man die beiden ansieht, wenn man mit ihnen spricht, und sie von ihrem Leben erzählen, tritt mehr und mehr ein ganz wesentlicher Eindruck hervor: Was das Leben auch bereit halten mag für die beiden – und wer weiß letztendlich, was kommt? – Marietta und Walter schaffen einfach alles gemeinsam, weil ihre Liebe echt und stark und einzigartig ist!

Walter Ablinger aus Oberösterreich ist ein erfolgreicher österreichischer Behindertensportler.
Er startet im Radsport (Paracycling-Kategorie H3 (H2 bis 2013)), im Ski Alpin, im Skilanglauf, im Triathlon, in der Leichtathletik sowie im Schwimmen.
Seine größten Erfolge:
Paralympicsieger in London 2012,
Weltmeister 2013,
Weltcupgesamtsieger 2012 und 2013
EHC Gesamtsieger 2011 und 2014
und 6-facher österreichischer Staatsmeister.
Außerdem ist er Vortragender „Erfolg beginnt im Kopf" und ein erfolgreicher Autor, sein Motivationsbuch „Ich lebe zwei Mal" erfreut sich größter Beliebtheit.

Silvia und Josef Schachermayer

Liebespaar, beste Freunde und tolles Team

Schon aus Teenagertagen kannten sich Miss Austria Silvia Hackl und Unternehmer Josef Schachermayer aus Linz. Doch erst 2008 sollten die beiden bei einer Miss-Wahl am selben Tisch sitzen.

„Wir haben uns auf Anhieb sehr, sehr gut verstanden und einen wirklich schönen Abend miteinander verbracht," weiß Silvia Schachermayer noch heute. Doch da beide gerade Beziehungen hinter sich hatten, sollten noch ein paar Monate ins Land ziehen, ehe Amor seine Pfeile auf die beiden schoss. „Er wagte schließlich im Sommer den ersten Schritt und hat mich zum ersten Mal geküsst." Und der Sommer 2008 wurde schließlich DER Sommer, in dem das Traumpaar gemeinsam viel reiste, viel erlebte und es sich einfach gut gehen ließ. Es sollte wieder ein Sommer sein, als dann schließlich die Fragen aller Fragen gestellt wurde: „2011, im Urlaub auf Marbella, ging Josef romantisch auf die Knie und hielt um meine Hand an," erinnert sich Silvia Schachermayer heute noch an den unvergesslichen Moment. „Dabei," fügt sie an „hätte ich mich selbst an diesem Tag sicher nicht gefragt. Zugegeben, ich war nicht gut drauf und wirklich ein bisschen zickig, aber er wollte mich trotzdem," so die Chefin der Miss-Austria Corporation. Was beide für die Hochzeit im Auge hatten: „Es sollte eine wirklich coole Party für uns, unsere Familien und unsere Freunde werden." Weshalb die Event-Expertin und der Unternehmer die Basilika in Mondsee und das Eventhotel Scalaria am Wolfgangsee als Locations vorsahen.

Doch ehe es so weit sein sollte, waren der Mädels-Polterabend und der Junggesellenabschied am Plan: „Ich flog mit meinen Mädels fünf Tage nach Ibiza, wo ich unter anderem ein Quiz am Strand und lustige Fotos mit anderen Urlaubern machen musste. Eine Reise, die mir ewig in Erinnerung bleiben wird!" Und der Fast-Ehemann begab sich mit seinen Jungs ein verlängertes Wochenende lang nach St. Tropez, wo vermutlich wohl sehr wenig geschlafen wur de. Und je näher die Hochzeit kam, desto perfekter war das gesamte Wedding-Wochenende von der gelernten Eventplanerin Silvia vorbereitet: „Nur beim Kleid war ich im Nachhinein betrachtet richtig cool," lacht sie heute. Während der Linzer Designer Gottfried das Kleid für die standesamtliche Trauung am Boot in rot pünktlich designte, war der Designer La Hong aus Wien ein bisschen knapper dran: „Drei Tage vor der Hochzeit war ich zur Anprobe in Wien und alles was ich dort antraf, war der Stoff, der in Bahnen geschnitten war. Doch mein Vertrauen in meinen lieben Freund La Hong war so groß, dass ich mich darauf einließ, dass er es mir punktgenau schneidern würde." Und so war es: „Am Hochzeitstag gegen 11 Uhr – die Hochzeit startete um 15 Uhr - stieg er mit meinem Kleid in der Hand aus dem Wagen. Es passte wie angegossen und es war ein Traum in Weiß!" Ein Traum in Weiß, der so ganz anders aussah als traditionelle Brautkleider: „Da ich als Model schon so oft in Brautkleidern oder Ballroben in üblichem Schnitt über den Laufsteg schreiten durfte, wollte ich bewusst etwas ganz anderes, ausgefallenes und doch zu einer Braut passendes. Und das ist mit dem Mini-Kleid samt abnehmbarer acht Meter langer Schleppe garantiert gelungen!

Emotionale Momente

Die schönsten Momente der Hochzeit sind Silvia Schachermayer in Erinnerung, als wäre es gestern gewesen: „Die standesamtliche Trauung auf dem Schiff auf dem Wolfgangsee war so unbeschreiblich schön und persönlich, dass wir die ganze Zeit nur geheult haben." Besonders die persönlichen Worte der engsten Familienmitglieder, der Trauzeugen und Freunde waren zu Herzen gehende Highlights für das Paar. Tags darauf folgte nach der Heirat in der Basilika Mondsee dann die heiß ersehnte Party statt. „Viele Gäste kamen schon früher und gingen im Wolfgangsee baden, für meine Mädels und mich hatte ich einen Styling-Corner samt Snacks und Getränken eingerichtet und es war schon das Vorbereitungs-Prozedere ein Highlight für sich", so die Schöne. Und obwohl es keine Hoppalas gab, war doch das Einsteigen in das Brautauto eine besondere Herausforderung: „Meine Frisur war so hoch, dass ich im Auto schief sitzen musste, weil es sich sonst nicht ausgegangen wäre!" Rückblickend war das Hochzeitswochenende rund um den 18. August 2012 ein wirklich herausragendes, das für immer in den Köpfen und Herzen bleiben wird. „Schließlich haben wir es in vollen Zügen genossen, ausgelassen zu feiern." Die Liebe wurde aber erst so richtig gekrönt, als Töchterchen Sophia am 30. Juli 2013 das Licht der Welt erblickte. Und ja, sie würde ihren Josef wieder heiraten: „Weil er so perfekt zu mir passt, mein bester Freund, der beste Papa der Welt und mein Ruhepol ist!"

Silvia Schachermayer *(als Silvia Hackl am 23. Februar 1983 in Linz geboren) wurde 2004 zur Miss Austria gewählt, ist Model, Playboy-Playmate und Unternehmerin. Sie hat neben nationalen und internationalen Buchungen als Geschäftsführerin der Miss Austria Corporation ein Gespür für Model-Talente und plant mit Geschick Mode-Präsentationen, Laufsteg-Events und Model-Karrieren. Seit 2012 ist sie mit dem oberösterreichischen Unternehmer und Industriellen Josef Schachermayer verheiratet. Gemeinsam mit Tochter Sophia (geboren 2013) lebt das Paar in Linz*

Barbara Wussow & Albert Fortell

„Liebe auf den ersten Blick"

Die junge, bezaubernde Barbara Wussow war gerade mitten in ihrer Ausbildung zur Bühnenbildnerin, als sie in einer Salzburger Diskothek, dem „Old Grenadier", Albert Fortell mit einer charmanten Begleitung erblickte. „Klar hat der eine schöne Frau an seiner Seite!", dachte sie sich, und hat ihn doch keine Sekunde aus den Augen gelassen. „Wir kannten uns schon über unsere Väter Bert Fortell und Klaus Jürgen Wussow, die bereits gemeinsam gedreht hatten", erzählt der aus den Quotenhits „Schwarzwaldklinik" oder „Schlosshotel Orth" bekannte Star. Albert Fortell fragte sie schließlich, ob sie nicht für seine Erotik-Lesung das Bühnenbild machen könnte: „Er wollte die kleine Wussow mal auf die Probe stellen, ob ihr das peinlich wäre", schmunzelt Barbara Wussow heute. Doch das Schicksal war noch nicht bereit und ließ die beiden sich wieder aus den Augen verlieren, weil Albert im Ausland drehte und lebte. „In dieser Zeit wurde ich Schauspielerin und drehte die Schwarzwaldklinik", so Wussow. Er zeigte mir sein Drehbuch

Erst durch die Mutter wurde sie informiert und wieder darauf aufmerksam gemacht, als Albert Fortell erneut in München weilte. „Also bin ich unter einem Vorwand nach München gefahren, um ihn zu sehen. Ich weiß noch, dass ich ihm erzählte, ich müsse zur Filmfirma - alles ein Schmäh gewesen", lacht sie heute. Fortell und Wussow trafen sich also, und prompt „fragte er mich, ob ich sein aktuelles Drehbuch sehen möchte - was dem Herzeigen der Briefmarkensammlung gleich kommt", erinnert sich die Schauspielerin, als wäre es gestern gewesen. Und fügt an: „Und dann hat es Bumm gemacht - aber er musste drei Monate nach Australien. Man kann sich gar nicht vorstellen, wie wir uns da umarmt haben, als er wieder zurück war: das war eine filmreife Umarmung am Flughafen!" Acht Jahre und „eine wirklich gute gemeinsame Zeit" später kam das Wort Verlobung ins Spiel. 1990 schließlich dann die große Hochzeit: „Wir hatten beschlossen in Kärnten zu heiraten und haben einem Magazin erlaubt, exklusiv bei der Hochzeit dabei zu sein, weil wir dachten, dass wir dann weniger Rummel hätten." Doch dieses Magazin stellte Schirme auf und wollte alle anderen daran hindern, Bilder zu machen oder das schöne Brautpaar auch nur zu bejubeln. 2500 Zuschauer säumten schließlich den Weg im kärntnerischen Maria Wörth und klatschten dem Traumpaar des deutschen und österreichischen Films begeistert Beifall. „Meine Freundin Gexi Tostmann hatte mir ein traumhaften Trachtenkleid auf den Leib geschneidert und mein Mann musste gleich nach der Hochzeit eine Puppe wickeln, Holz hacken und allerlei andere Brauchtums-Traditionen mitmachen", denkt Barbara Wussow gerne an ihre Hochzeit zurück. „Besonders, weil ich ein sehr gläubiger aber auch abergläubischer Mensch bin, haben mich Dinge, wie etwa die Hochzeitsschuhe mit lauter Ein-Schilling-Münzen zu bezahlen oder von der Mutter etwas Altes, etwas Neues, etwas Geliehenes, etwas Blaues zu bekommen, sehr glücklich gemacht."

Brautstrauß bis heute aufbewahrt

Nur den Brautstrauß hat die gefragte Schauspielerin nicht geworfen: „Mir war schade drum, ich habe ihn bis heute in der Wohnung auf dem Kasten oben in einer Blumenvase.“ Die schönsten Momente der Hochzeit? „Dass mir meine Mutter kurz vor der Hochzeit ein Medaillon um den Hals gelegt hat, dass mich mein Bruder zum Altar gebracht hat und dass wir eine wunderschöne Zeit hatten“ - was sie dann nur nebenbei mit einem verschmitzten Lächeln erwähnt: „Ich hab meinen Mann uch ganze 1,5 Stunden auf mich warten lassen!“ Doch Albert Fortell hat seine Barbara trotzdem zur Braut genommen. Die Flitterwochen verliefen dafür etwas minimaler: „Wir hatten beide Verpflichtungen, und so waren leider nur drei Tage gemeinsames Urlauben möglich.“ Und auch der erste Hochzeitstag musste aufgrund der vielen Engagements des Ehepaares getrennt gefeiert werden: „Ich weiß noch genau, ich bin nach dem Dreh in mein Hotelzimmer und hab mir als feierliches Dinner ein Glas Rotwein und einen Hamburger genehmigt.“ Doch auch die räumliche Trennung viele Tage des Jahres hindurch machten die Liebe des Paares nur noch stärker. Die Krönung der Liebe waren und sind bis heute die Kinder Nikolaus (geb. 1998) und Johanna (geb. 2005). „Wenn Sie zurückblicken, Frau Wussow, wie war die Ehe?“, fragen wir. „Wir haben sehr viel sehr gut hingekriegt, und das trotz einem sehr öffentlichen Leben, berühmten Eltern und Höhen und Tiefen, wie jede Familie sie hat - wissen Sie was, ich würde diesen Mann jederzeit wieder heiraten!“ Und sie gibt uns und allen Paaren, die diese Zeilen lesen, ein Zitat für mehr Liebesqualität mit auf den Weg „Man kann dem Leben nicht mehr Tage geben, aber den Tagen mehr Leben!“

***Barbara Wussow** ist eine österreichische Schauspielerin, die am 28. März 1961 in München geboren ist. 1982 traf sie in Salzburg anlässlich einer Lesung den Schauspieler Albert Fortell, Sohn des Schauspielers Bert Fortell. Die beiden wurden ein Paar und heirateten 1990. Sohn Nikolaus kam 1998 zur Welt, Tochter Johanna 2005. Barbara Wussow ist die Tochter des ehemaligen Burgschauspielerehepaares Klausjürgen Wussow und Ida Krottendorf, ihr Bruder ist der Schauspieler Alexander Wussow. Gemeinsam spielte das Paar Wussow/Fortell in verschiedenen Theater- und Fernsehproduktionen.*

***Schauspieler Albert Fortell** wurde am 5. Juli 1952 in Wien als Sohn des Schauspielers Bert Fortell - mit bürgerlichem Namen Albert Fortelni - (1924-1996) und dessen Gattin Gerda Fortelni geboren. Er schloss sowohl das Max Reinhardt Seminar, wie auch das Jus-Studium erfolgreich ab. Albert Fortell war viele Jahre erfolgreicher Schausspieler in den USA und wirkte dort in vielen Kino-Produktionen mit. Fortell verfasste mehrere Drehbücher.*

Dagmar Koller und Helmut Zilk

Eine romantische Liebsgeschichte zwischen dem Mann von Welt und dem zauberhaften Wesen vom Theater.
«Ich habe mir immer eine romantische Hochzeit vorgestellt», erzählt Dagmar Koller, heute. Die Sängerin, Schauspielerin, Entertainerin und Tänzerin war jahrelang die Frau an der Seite des bekannten Wiener Bürgermeisters Helmut Zilk.

„Das ist die Frau, die ich heiraten möchte!"

Es war zu Weihnachten 1970, als Dagmar Koller und Helmut Zilk sich zum ersten Mal begegneten, richtig kennengelernt haben sie sich erst später im Mai 1971. Aber schon bei der ersten Begegnung habe sie Helmut Zilk verlegen gemacht: „Steht der nicht glatt unter der Tür und sagt in meine Richtung: ‚Das ist die Frau, die ich heiraten möchte!'" Sie schmunzelt, wenn sie die Geschichte heute erzählt: „Ich dachte in diesem Moment, ich müsse sterben vor Scham!" Als Kupplerin fungierte schließlich die damalige Stadträtin Gerlinde Sandtner: „Wir waren zu einer Weihnachtsfeier zu ihr eingeladen worden, dachten da seien viele Menschen. Schließlich waren aber nur wir drei am Tisch!" Schnell entfachte eine große, innige Liebe. Acht Jahre nach dem ersten Kennenlernen schließlich kam Helmut Zilk auf seine Dagi zu: „Ich bin geschieden, alles ist in ordentlichen Verhältnissen – komm lass uns heiraten!" Und so schworen die beiden einander am 21. Juli 1978 am Standesamt Schlesingerplatz im achten Bezirk die ewige Liebe. „Ich hab der Sache nicht ganz getraut, ob das alles halten könnte", erzählt die Sängerin und Schauspielerin rückblickend. Das Hochzeitsfest selbst mit 200 Menschen – aus Politik und Gesellschaft waren alle großen Namen Österreichs dabei – konnte sie aber gar nicht in vollen Zügen genießen: „Schließlich musste ich am nächsten Morgen schon wieder zu einem Filmdreh und musste schön und ausgeschlafen sein", so Koller.

Kirchliche Hochzeit als Herzenswunsch

Erst zehn Jahre nach dem 21. Juli 1978 sollte die kirchliche Hochzeit stattfinden: «Ich bin ein sehr gläubiger Mensch und habe meinen Mann so inständig ersucht, auch vor dem lieben Gott ja sagen zu können. Mir zuliebe hat er dann zugestimmt!» Und in einer sehr intimen Feier wurden Dagmar Koller und Helmut Zilk schließlich vom Kardinal in einer kleinen Kapelle im Wiener Stephansdom getraut. Der Höhepunkt war ein privates Mittagessen mit dem Kardinal, ganz ohne weitere Menschen. «Wir waren immer von so vielen Menschen umgeben, der Helmut in der Politik und Gesellschaft und ich beim Film, Theater und Musical. Da war die intime Feier das Schönste, was man sich vorstellen kann.« Doch trotz beider Hochzeiten war Dagmar Koller immer eine moderne Frau, die auch ihren Namen nicht ablegte: „Das hat Prinz Charles bei einem Essen sehr gestört, als er auf meinem Tischkärtchen lesen musste ´Dagmar Koller´und er fragte mich, warum ich denn nicht Zilk hieße", blickt Dagmar Koller zurück. Und erzählt weiter: „Ich habe ihm entgegnet, dass ich mir seit mehr als 30 Jahren diesen Namen aufgebaut hätte und ihn deshalb nicht ablegen werde." Erst später nach dem schrecklichen Briefbomben-Attentan auf ihren Mann Helmut Zilk, ließ sie sich als Zeichen der immerwährenden Liebe auch den Namen Zilk in ihre Dokumente aufnehmen.

Urlaube als gemeinsame Auszeiten

Trotz der Hektik des Alltags der beiden Menschen, die so oft und so viel im Rampenlicht standen, haben sie die wenige Zeit, die sie gemeinsam und alleine hatten, immer sorgsam und effizient genutzt: «Da waren die unvergesslichen Sommerwochen und Monate in Portugal, die Urlaube auf Hawaii, die gemeinsamen Abendessen, wo wir in Ruhe sprachen.» Auch nach dem traurigen Abschied ihres Mannes trägt sie voll Stolz und Liebe ihren Ehering: «Ich glaube, ich kriege ihn gar nicht mehr runter!» Sie lacht und vermisst ihren Helmut trotzdem unendlich. «Seinen Ring trage ich an meinem Ketterl – das schafft Nähe!» Und wenn sie über die Ehe mit ihrem geliebten Mann spricht, dann spürt man diese Achtung: «Ehe hat so einen Wert, auch heute ist das noch so. Sie ist die bewusste Entscheidung für ein Leben miteinander, ein Leben Seite an Seite und trotzdem in Freiheit – all das habe ich mit Helmut gehabt.» Und auch an die lustigen Dinge des Ehe-Alltags erinnert sich Koller: «Obwohl wir uns so sehr liebten, hatten wir immer schon getrennte Schlafzimmer. Er war ja ein großer Schnarcher», lacht der Star.

Treueschwur für immer

Das Wunderbare an dem Gespräch über das Heiraten und das Leben als Ehepaar ist die Demut, mit der Dagmar Koller jeden einzelnen gemeinsamen Glücksmoment mit ihrem Mann beschreibt. «Ich würde ihn sofort wieder heiraten und wir waren uns zu jeder Zeit treu – das ist es, was an und in der Ehe zählt. Man darf so etwas Kostbares nicht missachten, sondern jeden Tag ehren und sich freuen!» Und sie fügt mit entschlossener Stimme an: «Ich würde ihn sofort wieder heiraten, er hat mich so glücklich gemacht!»

***Dagmar Koller**, geboren am 26. August 1939 in Klagenfurt, Kärnten, ist eine österreichische Sängerin, Tänzerin und Schauspielerin und lebt in Wien und Portugal. Sie begann ihre Karriere an der Wiener Volksoper, wurde schnell über die Grenzen Österreichs hinaus bekannt und spielte in ihrer Karriere mit Größen wie Josef Meinrad, Elizabeth Taylor, René Kollo oder Udo Jürgens. Koller moderierte außerdem zahlreiche Fernsehsendungen im ORF, wie z. B. Hallo, wie geht›s?. In dieser Sendung plauderte sie mit Publikumslieblingen und Prominenten und zeigte Ausschnitte aus dem Leben der Stars. Zahlreiche Tourneen durch die USA, Japan und Europa (u. a. zehn Deutschland-Tourneen) festigten ihren Ruhm. Dagmar Koller war von 1978 bis zu dessen Tod 2008 mit Helmut Zilk verheiratet, Wiens Bürgermeister von 1984 bis 1994.*

Ingeborg und Harald Serafin

Eine Liebe, die wie ein Fels in der Brandung ist

Es war am 29. Mai 1981, als Harald Serafin seine Gattin Ingeborg Serafin im romantischen und wunderschönen Schloss Mirabell in Salzburg zur Frau nahm. Noch heute weiß er, wie wunderbar seine Frau damals ausgesehen hat: „Sie haben ja gar keine Vorstellung, was das für eine Pracht-Frau war – und noch immer ist“, lacht der ausgebildete Kammersänger mit litauischen Wurzeln. „Es war eine große Hochzeit“, meint er heute mit seinem charismatischen rollenden R. „Aber geh, so viele waren wir doch gar nicht!“, ist seine Frau der Meinung. Schließlich waren es 40 Gäste, die mit dem Ehepaar Serafin die Verehelichung feierten.

„DIE BRAUT IST NOCH NICHT DA“

„In einem blauen Kleid mit weißen Streifen und einem wunderschönen Strauß Blumen habe ich zu Harald ‚Ja´ gesagt“, erzählt Ingeborg Serafin. Und wird wohl niemals den Fauxpas der Chefin, des Gasthofes vergessen. „Als meine Frau nämlich das Restaurant betrat und nach den Räumlichkeiten für die Serafin-Hochzeit fragte, antwortete die Chefin scharf: ‚Na, da drin, aber da könnens jetzt nicht hinein, die Braut ist noch nicht da!“ Oh doch, und wie die Braut da war, nur eben in keinem typischen Hochzeitskleid! „Der Wirtin war dieser Fauxpas den ganzen restlichen Tag so furchtbar peinlich, das kann man sich gar nicht vorstellen!“, lacht Harald Serafin noch heute herzlich über dieses Hoppala. Und freut sich nach zwei vorangegangenen Ehen, dass die Verbindung zu seiner „Mausi“, wie er seine Gattin liebevoll nennt, so wunderbar hält. „Es war ein Instinkt, dass diese Frau einfach zu mir passt“ , lacht der ewig jung gebliebene Schelm. „Sie ist so selbstständig wie meine liebe Mutter, war jahrelang eine erfolgreiche Geschäftsfrau mit ihrer eigenen Boutique, ist sehr selbstbewusst und eine schöne Erscheinung,“ gerät Harald Serafin ins Schwärmen über seine Frau. Sie sei sein 6er im Lotto, sein Hauptgewinn, sein Ein und Alles. Ebenso wie seine wunderbaren Kinder, schöne und hochbegabte Welt-Sänger, die Sopranistin Martina Serafin (aus zweiter Ehe) und sein Sohn, Bariton Daniel Serafin. Damit er den Hochzeitstag nicht vergisst, hat er ganz spezielle Tricks: „Naja, da ruft mich meine Schwester oder mein Sohn an und die klopfen mir dann auf die Finger, damit ich was g´scheites kaufe.“ „Er hat den ‚Ja´-Tag noch nie vergessen!“, schwört seine Mausi. Die noch heute an die wunderbare Hochzeitsreise nach Griechenland denkt, wo sie Daniel schon unter dem Herzen trug. Und nach einem traditionellen „Die Frau ist wunderbar!“ fügt Harald Serafin mit lauter Stimme an: „Ich würde sie wieder und wieder und wieder heiraten!“

Harald Serafin *(geboren am 24. Dezember 1931 in Kybartai, Litauen) ist ausgebildeter Kammersänger, Professor und Ehrenmitglied der Wiener Volksoper. War 20 Jahre lang Intendant der berühmten Seefestspiele in Mörbisch.*
Otto Schenk entdeckte das komische Talent Serafins und machte ihn zum „singenden Bonvivant der Operette". Von der New York Times wurde er auch in Bezugnahme auf seine Physiognomie und Präsenz als „Walter Matthau der Wiener Operette" bezeichnet. Dem breiten österreichischen Publikum ist Serafin inzwischen durch seine Auftritte als Juror der TV-Show „Dancing Stars" bekannt, wo er mit dem Wort „Wunderbar" Fernsehgeschichte schrieb. 2009 erschien seine humorvolle, ernste, tiefgründige Biografie „Es war nicht immer wunderbar". Sein Sohn Daniel aus seiner bestehenden Ehe mit Ingeborg und seine Tochter Martina Serafin aus der Ehe mit Kammersängerin Mirjana Irosch, haben sich beide für diesen schweren aber wunderbaren Beruf Sänger entschieden.

Das Ehepaar Serafin mit Sohn Daniel.

Maxi Blaha und Franzobel

Eine Künstlerehe als Inspiration

„Eigentlich sollte sie die Lady Di spielen, doch irgendwie hatte sie dann die Rolle der Camilla", beginnt Schriftsteller Franzobel die Ausführungen über das Kennenlernen mit seiner heutigen Ehefrau Maxi Blaha im Zuge eines Theaterstücks.

Ganz zufällig habe man sich ein Jahr später erst wieder getroffen. Auf einer Reise in die Schweiz schließlich folgte ein SMS: „Darf ich dich am Wochenende in die Schweiz einladen?" Maxi Blaha stimmte zu und legte die ansonsten unproblematische Zugstrecke dank des damals herrschenden Sturmes „Emma" statt in wenigen Stunden in einer Ganztagesreise zurück: „Anstatt um 17 Uhr bei mir aus dem Zug zu steigen, kam sie dank Notfall-Fahrplan und Schienenersatzverkehr um 3 Uhr früh erst an!" weiß er noch heute. Schelmisch grinsend fügt der Wort-Jongleur an: „...aber es hat sich gelohnt!"

Sehr schnell war beiden klar, dass es eine besondere Liebe war, die in einer Hochzeit gipfeln sollte. „Doch die klassische Frage gab es bei uns nicht!" Im August 2010 – Sohn Nepomuk war schon geboren – folgte schließlich die feierliche, romantische Hochzeit im Schloss Orth in Orth an der Donau. Mit rund 100 Menschen wurde eine rauschende Hochzeit gefeiert, wobei sich der Bräutigam sogar noch an den Tag davor erinnert: „Eine Freundin meiner Frau fuhr mich mit dem Wagen, um den Kuchen und die traditionellen Hochzeitsgebäcke abzuholen. Da saß ich dann am Beifahrersitz und zitterte mit der dreistöckigen Torte um die Wette!" Die Torte blieb übrigens bis auf ein paar kleinere Blessuren unversehrt. Auch das Geheimhalten des Brautkleides zelebrierte die Braut Maxi Blaha genussvoll: „Viele Dinge waren meiner Frau sehr wichtig und machten das Fest schließlich zu etwas Besonderem!" Auch Traditionen, wie den Brautstrauß zu werfen oder eine Sektflasche mit einem Säbel zu köpfen wurden vor aller Augen zelebriert. „Es wurde wild getanzt, die Feier dauerte unendlich schön lang und manche Freunde sollen sogar bis zum nächsten Tag gefeiert haben!" Der Alkoholpegel wurde schließlich auch mit dem Brautstehlen nicht weniger: „Ihre Freundinnen entführten sie und zum Auslösen musste ich unendlich viele Dinge versprechen – ich hoffe, niemand hat das aufgezeichnet!"

Ein für seine Frau sehr traditionelles Geschenk – nämlich die Morgengabe – hatte er ebenfalls im Zuge der Hochzeit versprochen und als edlen Vorsteckring am Morgen nach der Hochzeit galant eingehalten. Anstatt der Hochzeitsreise spielte Maxi Blaha im September ein Soloprogramm, das ihr frisch gebackener Ehemann für sie geschrieben hatte.

Was die Liebe brennen lässt

Der Hochzeitstag ist übrigens im Hause Blaha/Franzobel ein sehr freundlich bestimmter: „Meine Freu erinnert mich immer schon eine Weile vorher, dass bald ein wichtiger Tag in Anmarsch ist und ich gerne Blumen kaufen kann," erzählt Franzobel mit einem Augenzwinkern und verrät, dass dieser Tag an einem terminfreien Tag auch gerne einmal im Restaurant gefeiert wird. Was die Liebe der beiden Künstler brennen lässt sind partnerschaftliche Themen wie Treue und Vertrauen sowie das Bewahren der ersten Verliebtheit: „Wir rütteln von Zeit zu Zeit dieses anfängliche Gefühl wach und sind zugegeben am meisten verliebt, nachdem ein reinigendes Gewitter erfolgte," so der Schriftsteller. Und über seine Frau befragt schwärmt er: „Sie ist es, die die Romantik in unsere Beziehung bringt. Sie ist es, die mich von meiner Schreibwelt in die Realität holt – ich würde mich sonst im Schreiben verlieren." Und ja, er würde sie wieder heiraten: „weil ich sie immer noch liebe, weil immer noch das gegenseitige Begehren vorherrscht, sie mir Inspiration ist und wir eine sehr sehr, gute Zeit haben."

Franzobel *(* 1. März 1967 in Vöcklabruck, Oberösterreich; eigentlich Franz Stefan Griebl) ist ein österreichischer Schriftsteller. Gemeinsam mit seiner Frau, Schauspielerin Maxi Blaha, dem gemeinsamen Sohn Nepomuk (geboren 2010) und dem Sohn Laurenz aus erster Ehe (geboren 1998) lebt er als freier Schriftsteller in Wien, Pichlwang, Buenos Aires und Orth an der Donau. Neben seiner literarischen Tätigkeit (er publiziert im Eigenverlag, in Kleinverlagen und innerhalb von Mail-Art-Projekten) arbeitete Franzobel als Maler (Concept Art bis 1992). Er hat zahlreiche Theaterstücke, Prosatexte und Lyrik veröffentlicht, die in der Spannung zwischen Strukturen und Experiment stehen. Franzobel, der sich als „Querdenker" sieht, setzt sich auch mit aktuellen Fragen der Wissenschaft auseinander, so etwa in seinem 2011 publiziertem Buch LHC.*

Seine Theaterstücke wurden unter anderem auch schon in Mexiko, Argentinien, Chile, Dänemark, Frankreich, Polen, Rumänien, der Ukraine, Italien, Russland und den USA gezeigt. Übersetzungen liegen bislang in 23 Sprachen vor.

Maxi Blaha*, geboren 1972 in Wien, Schauspielstudium ebenda, Absolventin d. Schauspielschule Krauss, sowie der Universität für Musik u. darstellende Kunst und ist MAS für Kulturmanagement & staatlich akkreditierte Dozentin für Sprecherziehung. Sie ist gefragte Schauspielerin für Theaterproduktionen im In- und Ausland, erhielt 1997 den Bayerischen Theaterpreis (Publikumspreis für „Wer flog über das Kuckucksnest?" am Landestheater Coburg), spielte zuletzt im österreichischen TV in „Bad Fucking" und ist mit ihrem aktuellen von ihr in Auftrag gegebenen Solo-Theaterstück „Feuerseele" über das Leben von Berta von Suttner weltweit unterwegs. Ihre Engagements reichen vom Ausland bis ins Inland, ihre charismatische Wandelbarkeit macht sie für Film- und Theaterproduktionen zum vereinnahmenden Mittelpunkt.*

Fotoverzeichnis:

Umschlag: oben Wolfgang Stadler, unten – links Heimo Hamminger, Mitte Susi Nagele, rechts Ulli Hinterdorfer, Rückseite Heimo Hamminger
Seite 2: links Markus Wenzel, rechts Susi Negele
Seite 3: privat
Seite 4: Sonja Seiler-Baumfeld, Fotostudio Leeb
Seite 8/9, 10: Susi Nagele
Seite 11: Chris Koller
Seite 12, 14, 16: Susi Nagele
Seite 18: oben Susi Nagele, unten Markus Wenzel
Seite 19: Susi Nagele
Seite 20: links Heimo Hamminger, rechts Sabine Kronberger
Seite 21: Ulrike Hinterdorfer
Seite 22: Heimo Hamminger
Seite 23: Chris Koller
Seite 24: Markus Wenzel
Seite 25, 26: Marion Hörmandinger
Seite 27: Ulrike Hinterdorfer
Seite 28: Markus Pöllmann
Seite 29: Heimo Hamminger
Seite 30: oben und unten Markus Wenzel, Mitte Chris Koller,
Seite 31: Alfred Krumphuber
Seite 32: Susi Nagele
Seite 33: Chris Koller
Seite 34: Susi Nagele
Seite 36: links Sabine Kronberger, rechts oben Birgit Sturm, rechts unten Hoada
Seite 37: oben privat, unten Kolm
Seite 38: oben Monika Krautgartner, unten Kolm
Seite 39: Chris Koller
Seite 41: Sabine Kronberger
Seite 42/43: Susi Nagele
Seite 44: oben Heimo Hamminger, unten Stacheneder
Seite 45: Heimo Hamminger
Seite 46: oben Klemens Fellner, unten Sabine Kronberger
Seite 47: Sabine Kronberger
Seite 48: Markus Wenzel
Seite 49: Hermine Krumphuber
Seite 50: Heimo Hamminger
Seite 51: oben, unten links Heimo Hamminger, unten rechts Sabine Kronberger
Seite 52: Heimo Hamminger
Seite 53: links Heimo Hamminger, Bora Bora Tourism
Seite 54: Monika Krautgartner
Seite 55: Ulrike Hinterdorfer
Seite 57: Gerhard Wenzel
Seite 58: Klemens Fellner
Seite 61: oben privat, unten Sabine Kronberger
Seite 62 und 63: Chris Koller
Seite 64: oben Susi Nagele, unten Sabine Kronberger
Seite 65: oben Ulrike Hinterdorfer, Mitte – l inks und Mitte Ulrike Hinterdorfer, rechts Familie Zehetner unten – links Heimo Hamminger, Mitte Familie Zehetner, rechts Marion Hörmandinger
Seite 66: oben Chris Koller, unten Ulrike Hinterdorfer
Seite 67: Susi Nagele
Seite 68: Gerhard Wenzel
Seite 69: Markus Wenzel
Seite 70: Susi Nagele
Seite 71: oben Gerhard Wenzel, unten Susi Nagele
Seite 72: Sabine Kronberger
Seite 73: Sabine Kronberger
Seite 74: oben Sabine Kronberger, unten Chris Koller
Seite 75: Susi Nagele
Seite 76: Maria Hutter
Seite 77: Susi Nagele
Seite 78: oben Susi Nagele, unten Heimo Hamminger
Seite 79: oben Gerhard Wenzel, unten Ulrike Hinterdorfer
Seite 80: Monika Krautgartner
Seite 82 und 83: Susi Nagele
Seite 84: oben Gerhard Wenzel, unten Heimo Hamminger
Seite 85: Heimo Hamminger
Seite 86 und 88: Susi Nagele
Seite 89: oben Susi Nagele, unten Stacheneder, links unten rechts Gerhard Wenzel
Seite 90: Heimo Hamminger
Seite 92/93: Maria Hutter
Seite 94: Stacheneder
Seite 95: Marion Hörmandinger
Seite 96: Susi Nagele
Seite 97: oben Monika Krautgartner, unten Susi Nagele
Seite 98: Sabine Kronberger
Seite 99: Markus Wenzel
Seite 101: oben und Mitte Susi Nagele, unten Gerhard Wenzel
Seite 102: Marion Hörmandinger
Seite 103: Susi Nagele
Seite 104: links und Mitte Sabine Kronberger, rechts Susi Nagele
Seite 105: Sabine Kronberger
Seite 106: Susi Nagele
Seite 107: oben Sabine Kronberger, unten Susi Nagele
Seite 109, 110 und 111: Susi Nagele
Seite 112: Sabine Kronberger
Seite 113: privat Familie Stadler
Seite 114 und 115: Sabine Kronberger
Seite 117: Markus Wenzel
Seite 118/119: Alois Litzlbauer
Seite 120: links oben und unten Alois Litzlbauer, links Mitte Susi Nagele, rechts oben und unten Sabine Kronberger, rechts Mitte Alois Litzlbauer,
Seite 121: links oben Susi Nagele, rechts oben Heimo Hamminger, links 2. v. oben Alois Litzlbauer, links 3. v. oben Ulrike Hinterdorfer, links unten Marion Hörmandinger
Seite 122/123: privat
Seite 124: Gerhard Prieler
Seite 125: oben Sabine Kroberger, unten privat
Seite 126: Susi Nagele
Seite 127: oben Schweden Tourismus Management, unten privat
Seite 128: oben Heimo Hamminger, unten Sabine Kronberger
Seite 129: privat
Seite 130: Isabelle Ntumba
Seite 131: oben privat, unten Heimo Hamminger
Seite 132: oben Paul Przybylo, unten Günter Linecker
Seite 133: Katya Skotcheva
Seite 134: unten Sabine Kronberger, oben privat
Seite 135: privat
Seite 136/137: Susi Nagele
Seite 138 und 139: Ingrid Pernkopf
Seite 140: Roland Girtler,
Seite 141: Markus Wenzel
Seite 142 und 143: Maggie Entenfellner
Seite 144 und 145: Familie Ablinger privat
Seite 146 und 147: Familie Schachermayer privat
Seite 148: Schneider Presse München
Seite 149: Fortell privat
Seite 150 und 151: Krone-Archiv (2)
Seite 152 und 153: Familie Serafin privat, Krone-Archiv
Seite 154: Familie Franzobel privat, rechts Chris Koller

Danke schön!

Wir möchten uns herzlich für die großartige Unterstützung bei der Erstellung dieses prächtigen Bildbandes bedanken. Wir führten viele aufschlussreiche und spannende Gespräche, um die regionalen Bräuche und Eigenheiten von Hochzeitsfeiern im Land zu erfragen. Manchmal wurden wir dabei sogar großzügig bewirtet, um diesen oder jenen kulinarischen Brauch auch auf seine Tauglichkeit hin persönlich testen zu können, und verbrachten schöne Stunden zusammen. Wir sind so vielen interessanten, höflichen, klugen und netten Menschen begegnet, es ist nicht möglich, sie alle namentlich zu nennen.
Ob jenen Paaren, die vertrauensvoll ihre Hochzeitstruhe für uns geöffnet haben, die Brauchtumspfleger im Land, die mit uns ihre Dokumentar-Alben durchgeblättert haben, Musiker, die ihr spezielles Hochzeitsrepertoire vorgeführt haben, und jenen vielen Brautmüttern, Hochzeitskandidaten, Sänger, Köchinnen, geistliche Herren und Menschen des öffentlichen Lebens, ihnen allen ist unser Dank gewidmet, und wir hoffen, es ist ersichtlich, dass wir respektvoll mit den uns anvertrauten kleinen Geheimnissen persönlicher Art umgegangen sind.
Erfreuen Sie sich mit uns an der Schönheit und dem heiteren Wesen dieses Buches in dem Wissen, dass es ohne Ihre Unterstützung bestimmt nicht so schön geworden wäre!

Nochmals daher und ausdrücklich: Herzlichen Dank!

1. Auflage 2015

Herstellung und grafische Gestaltung: _free(agents
Druck: Point, Brno

ISBN 978-902786-30-2

XXXLutz HOCHZEITSTISCH

Wir organisieren Ihren **Hochzeitstisch** und die entsprechende **Geschenkliste.**

Als kleines **Dankeschön** erhalten Sie **zusätzlich**

-10% AUF IHREN **HOCHZEITSTISCH** IN FORM VON GUTSCHEINEN REFUNDIERT

Impressum: Medieninhaberin und Herstellerin: XXXLutz KG, Römerstraße 39, 4600 Wels ©XXXLutz Marken GmbH.

Heiraten wie Sisi und Franzl

In Bad Ischl haben sie sich gefunden, der junge Kaiser Franz Josef und seine Sisi. Kein Wunder, bildet doch die romantische Berglandschaft einen bezaubernden Rahmen für Herzensangelegenheiten. Das Kaiserstädtchen im Salzkammergut ist mit Sicherheit einer der schönsten Orte, um sich das Ja-Wort zu geben.

Romantisches Flair auf höchstem Niveau

Im Hotel Royal**** bietet die Sisi-Suite dem Brautpaar einen luxuriösen Rückzugsort. 74 m² kaiserliches Ambiente (plus 20 m² Dachterrasse) – ganz in Hellblau und Weiß gehalten – wartet mit einem Himmelbett, einem großzügigen Doppel-Whirlpool und einer Infrarot-Kabine auf. Luxus pur für einen ganz besonderen Tag. Wer möchte, kann auf den Spuren von Sisi und Franzl wandeln. Der Trauungssaal in Bad Ischl, in dem das Kaiserpaar einst heiratete, ist heute noch ein beliebter Ort für Eheschließungen. Für Familie und Freunde steht im Hotel Royal**** eine große Auswahl an Zimmern und Suiten zur Verfügung.

EurothermenResort BAD ISCHL

Sisi und Franzl

3 Urlaubstage / 2 Nächte

inkl. Verwöhn-HP und ganztägigem Zutritt in die Salzkammergut-Therme und Sauna auch am An- und Abreisetag

Ihre Extras:

- Wahlweise 1 Sisi- oder Salzprinz-Massage (je 25 min)
- 1 Flasche Sekt in der Suite
- Gratis Tiefgaragenplatz

Therme und Saun bis 24 Uhr

Preis pro Aufenthalt in der Sisi-Suite ab € 1.162,-

EurothermenResort Bad Ischl GmbH & Co KG
Voglhuberstraße 10, A-4820 Bad Ischl
Tel.: +43(0)6132/204-2600, royal@eurothermen.a
www.eurothermen.at